安徽中医药高等专科学校
2014年校级骨干教师项目(校人〔2014〕40号)成果

2015年度安徽省教育厅人文社会科学重点研究基地
安徽师范大学皖南历史文化研究中心招标项目
"戴震文献学理论与实践研究"(SK2015A044)成果

· 安徽师范大学徽学研究丛书 ·

# 戴震的文献学理论
## 与实践成就

DAIZHEN DE WENXIANXUE LILUN
YU SHIJIAN CHENGJIU

石开玉◎著

安徽师范大学出版社
· 芜湖 ·

**图书在版编目(CIP)数据**

戴震的文献学理论与实践成就 / 石开玉著. — 芜湖:
安徽师范大学出版社,2017.5
ISBN 978-7-5676-2761-1

Ⅰ.①戴… Ⅱ.①石… Ⅲ.①文献学 – 研究 Ⅳ.
①G256
中国版本图书馆CIP数据核字(2017)第044297号

# 戴震的文献学理论与实践成就

石开玉 著

责任编辑:孙新文 崔龙健
装帧设计:任 彤
出版发行:安徽师范大学出版社
　　　　　芜湖市九华南路189号安徽师范大学花津校区
网　　址:http://www.ahnupress.com/
发 行 部:0553-3883578　5910327　5910310(传真)
印　　刷:虎彩印艺股份有限公司
版　　次:2017年5月第1版
　　　　　2017年5月第1次印刷
规　　格:700 mm×1000 mm　1/16
印　　张:10.25
字　　数:169千字
书　　号:ISBN 978-7-5676-2761-1
定　　价:25.00元

# 序　言

　　戴震，字东原、慎修，号杲溪，安徽休宁隆阜（今安徽省黄山市屯溪区）人，清雍正元年（1723）十二月二十四日生于一个徽州商人家庭。祖上均不仕，其父家贫，在江西南丰做小商贩。戴震少时很特别，读书过目成诵，日数千言不肯休，平日里勤于思考，尤其善于问问题。戴震十六岁时已通晓十三经，但因家贫、无以为业而随父亲去江西、福建一带经商，至十九岁时才回休宁。后多次去紫阳书院，得以结交程瑶田、金榜等人并师事江永，学业日有进步。三十一岁那年，戴震为躲避仇人迫害，只身逃往北京。在北京，他结识了纪昀、王鸣盛、姚鼐、钱大昕等著名学者。戴震一边教书，一边从事学术研究，以才学名重京师。1757年，戴震南下扬州，与惠栋相识，受其影响，他的学术思想发生转折。学术成就日益显著的戴震，仕途却十分坎坷，二十八岁中秀才，三十九岁才乡试中举，后六次去北京参加会试，均不及第。在此期间，戴震两次去山西修志。乾隆三十八年（1773），五十一岁的戴震因纪昀的推荐以举人身份被特召进入四库全书馆充任纂修官，从事校订、辑佚古书的工作，因校书有功，被赐同进士出身，授翰林院庶吉士。自此，戴震一直在四库全书馆工作，直至乾隆四十二年（1777）五月二十七日死于任上。

　　戴震是我国清代著名的思想家、考据大师、经学家、文献学家。清代考据学的启蒙期以顾炎武、阎若璩、胡渭为代表。考据学全盛于乾嘉时期，分成三派，吴派擅长经史，以惠栋、钱大昕、王鸣盛为代表；皖派擅长经学、小学，以戴震、段玉裁、王念孙、王引之为代表；浙东派以史学为主，主要代表有万斯同、全祖望、章学诚等人。

　　戴震的治学范围宽广，是通才式的学者，其一生治学涉及哲学、文字、音韵、训诂、史地、天算、方志、谱牒、教育、美学等领域。他的思想，在中国哲学史上有重要地位，对中国哲学的发展有突出的贡献。但哲学只是戴学中的一部分，且不是主导方面，经学才始终是他治学的中心与主导方面。经学虽然只是对几部儒家典籍进行解释、阐述和议论，但经学是中国传统文化的主体，也是自汉代以来许多思想家借以明志载道的主要形式。戴震作为思想家，也以明经得道为表现其思想的重要方式，这是他与许多考据学家如吴派学者不一致的地方。戴震治经学的突出贡献在于他用科学的方法治经、整理和考证古典文献。戴震对我国许多古籍都有深入的研究，在古文献的考证方法、文字、音韵、训诂、传注、辑佚、目录、校勘、辨伪、版本以及撰修方志、谱牒等方面，均有重要建树，为我国古文献学做出了杰出的贡献。

戴震是百科全书式的大学者，其一生著述繁富，主要有：

（1）经学类：《诗补传》《毛郑诗考正》《杲溪诗经补注》《尚书义考》《考工记图》《尔雅文字考》《经雅》《屈原赋注》《方言疏证》《续方言》《仪礼考正》《转语二十章》《六书论》《声韵考》《声类表》，校定《水经注》《周髀算经》《九章算术》《五经算术》《海岛算经》《孙子算经》《张丘建算经》《夏侯阳算经》《五曹算经》《大戴礼记》《仪礼集释》《仪礼释宫》《仪礼识误》等等。

（2）哲学类：《孟子字义疏证》《原善》《孟子私淑录》《续言》《经考》《经考附录》《大学补注》《中庸补注》等等。

（3）天文算学类：《策算》《勾股割圜记》《原象》《迎日推策记》《历问》《古历考》《续天文略》等等。

（4）方志学类：《水地记》《金山志》《直隶河渠书》《汾州府志》《汾阳县志》等等。

另外，后人对戴震的著作进行整理汇编，最早是在乾隆四十三年（1778）左右，孔继涵刻戴震的十六种遗著成《戴氏遗书》《算经十书》，统称微波榭本。乾隆五十七年（1792），段玉裁编纂《戴东原集》，收录戴震论述音韵、六书、转注、义理等方面的单篇论文，有十二卷，世称经韵楼本。1936年，《安徽丛书》第六期刊印戴震的著作共二十二种，成《戴东原先生全集》。1991年，清华大学出版社出版叶光立主编的《戴震全集》，共六册。1994—1997年，《戴震全书》由安徽省古籍出版规划委员会组织编订，张岱年任主编，杨应芹任副主编，由黄山书社出版。全书共有七册，前六册是正文，收入戴著三十六种，含《经雅》《毛诗补传》等十二种未刊书稿及佚文，每册配有数幅图片；第七册为附录，收录从清中叶以来众多名家对戴震的研究成果，书末附有《戴震全书人名索引》，以便于检索。新编《戴震全书》是百年来较全、较好的本子，为戴震学的学术研究工作提供了便利。2010年，根据学术界近年对戴震研究的最新成果，由杨应芹、诸伟奇任主编，对《戴震全书》进行了进一步的加工和修订，并由黄山书社再版，此次修订不仅增收了新发现的佚作，也剔除了误收的文字，从而使修订后再版的《戴震全书》成为研究戴震的最好、最全、最新的资料。

自戴离世后，研究戴震的学者层出不穷。其研究可分成两类：一类是研究戴震的哲学思想，大多肯定其唯物主义思想，如焦循的《申戴》（《雕菰楼集》卷七）、章炳麟的《释戴》（《文录》卷一）、梁启超的《戴东原哲学》（《饮冰室文集》卷四十）、胡适的《戴东原哲学》（《胡适文存》）、容肇祖的《戴震说的理及求理的方法》（《国学季刊》1925年第2卷第1号）等。另一类研究戴震的小学、文献学，如刘师培的《转注说》（《左庵集》亨册）、马裕藻的《戴东原对于古音学的贡献》（《国学季刊》1925年第2卷第2号）、周中孚的《郑堂读书记》卷八至卷七十一、吴时英的《戴东原的诗学》（《戴东原二百年生日纪念论文集》）、胡适的《记中央图书馆所藏的直隶河渠书稿本》（《胡适手稿》第一集卷三）、钱穆的《戴震算学天文著作考》（《浙江大学科学报告》1934年第1卷第1期）、胡朴安的《戴震著述书目考》（《安徽丛书》第6期）、梁启超的《戴东原著述纂校书目考》（《饮冰室文集》卷四十）等。

新中国成立后，则侧重于从思想史、哲学史方面研究戴震。近年有方利山的《戴震研究综述》（载《戴震学术思想论稿》，安徽人民出版社1987年版）、《戴学纵横》（中国文联出版社1999年版），回顾了从清中叶至今的戴学研究概况。据在中国知网的主题检索结果，至今涉及戴学研究的论文多达1000多篇，其中对戴震的哲学的研究论文占论文总数的一半以上；而涉及戴震文献学方面的研究则不太多，主要是几十篇论文和三本专著，包括李开的《戴震评传》（南京大学出版社1992年版）和《戴震语文学研究》（江苏古籍出版社1998年版）二书，较全面地介绍了戴震在经学、史地、人文、自然科学等方面的成就，尤其详尽地论述了戴震在古籍注释学、文字学、音韵学三方面的成就；徐道彬所著的《戴震考据学研究》

（安徽大学出版社2007年版）一书，对戴震考据学的文字、音韵、训诂、校勘、版本、目录、辑佚诸方面的成就做了较深入地研究，并从中概括出戴震卓越的治学思想与治学方法，是有关研究戴震考据学成就的第一部专著。

已有的研究成果对本书的写作有很大的参考和借鉴价值，使本书得以站在较高的起点上。但是，这些成果仅仅揭示出戴震文献学成就的一部分，尚未有专著全面、系统而又深入细致地阐述戴震在古文献学各个方面所做的贡献，故而本书力求深入细致而又全面系统地梳理出戴震在古文献学理论及其实践各个方面所做出的重要贡献。

本书的突破之处在于：

（1）运用比较研究法、数量统计法等计量史学方法，一目了然地揭示出一些问题。

（2）比较全面系统地梳理出戴震在古文献的文字、音韵、训诂、传注、辑佚、目录、校勘、辨伪、版本及撰修方志、谱牒等实践方面的成就。

（3）比较深入细致地总结出戴震行之有效的文献学理论和古文献考证方法，这些也是他终生遵循的治学思想，从而使我们知晓了戴震学术成就卓越不凡的内在缘由。

（4）本书侧重于选取戴震文献实体的主要方面，即以经学文献为研究对象来探讨其文献学理论与实践成就，从而充实了本书的主导性观点，即哲学只是戴震学术的一部分，且不是主导方面，其学术的主导方面是经学、文献学、考据学。

# 目　　录

目

录

# 第一章　戴震的文献学理论

梁启超在《戴东原生日二百年纪念会缘起》一文中说："东原在学术史上所以能占特别重要位置者，专在研究法之发明。"①此言甚是，戴震在文献整理与研究方面，有许多对今天仍十分有裨益的研究方法与文献考证理论。

戴震自幼好读诗书。"读书好深湛之思，少时塾师授以《说文》，三年尽得其节目。"②戴震同郡洪榜在《戴先生行状》中指出其性格内向，大器晚成，十岁才会说话。段玉裁在所著的《戴东原先生年谱》中对此解释道："盖聪明蕴蓄者深矣。"③就在这一年（雍正十年，1732），戴震去学堂读书，无非是"四书""五经"之类。他的记忆力非常出众，且读书特别勤奋，"就傅读书，过目成诵，日数千言不肯休"④。《十三经注疏》，卷帙浩繁，达数百万言，戴震从友人处借得此书后，"朝夕讽诵，旁推交勘读之，则尽得其古画、古义、古音声、古度数名物"⑤。戴震后来对段玉裁说："余于疏不能尽记，经、注则无不能倍（背）诵也。"⑥少时的勤学苦读、博闻强记，为其日后治文献考证学，打下了坚实的经学功底。

考证，即考据，是研究语言、历史等学科的一种基础方法。当我们接触古文献时，由于语言文字的变迁和古文献载体自身的讹误，有些地方已很难理解。因此，必须运用文字学、音韵学、训诂学、典章制度学等方面的知识来解释、考订或校勘其讹误，以通晓其原义，进而根据事实的考核和例证的归纳，提取可信的材料，得出恰当的结论。有关这一做法的学问

① 梁启超全集：第7册[M].北京：北京出版社，1999：4179.

② 赵尔巽.清史稿：卷481[M].北京：中华书局，1977：13198.

③ 杨应芹,诸伟奇.戴震全书：第7册[M].合肥：黄山书社，2010：133.

④ 杨应芹,诸伟奇.戴震全书：第7册[M].合肥：黄山书社，2010：133.

⑤ 杨应芹,诸伟奇.戴震全书：第7册[M].合肥：黄山书社，2010：25.

⑥ 杨应芹,诸伟奇.戴震全书：第7册[M].合肥：黄山书社，2010：134.

就叫考据学或考证学。

清代是我国古代考据学的鼎盛时期。清初顾炎武、阎若璩等开始改正宋、明考据学芜杂零乱、讹误甚多、任意更改古书、不成专门之学的弊病，而深入、精确地考证古书与古字、古韵。至乾嘉时期形成考据学高潮，学者们搜集了大量的资料，对古代经典做综合深入地分析，不臆断、不制造伪证，对古书和古代典制能纠正前人之误，得出较正确的认识。戴震即是其中一位中坚人物和巨擘，这与他毕生遵循的文献研究方法与考证理论是分不开的。

# 第一节　义理统率考证

## 一、义理第一，考据第二

传统的古文献学由考据、义理两大部分构成，其中考据学应为义理之学服务，专讲考据而不讲义理，则是"半截子"学问。戴震治文献学，总体上说是主张考据学为义理学服务，即义理第一，考据第二。然而，戴震在不同时期，对义理、考据的关系，却有不同的表述。

戴震最先提倡义理、考核、文章三分说。早年戴震曾有"天下有义理之源，有考核之源，有文章之源，吾于三者皆庶得其源"①的论说，主张义理、考据各有其源，两不相谋。戴震在早年（乾隆二十年，1755）给方希原写信时也曾表达了这一思想："古今学问之途，其大致有三：或事于理义，或事于制数，或事于文章。事于文章者，等而末者也。然自子长、孟坚、退之、子厚诸君子之为之，曰'是道也，非艺也'……足下好道，而肆力古文，必将求其本。求其本，更有所谓大本。大本既得矣，然后曰'是道也，非艺也'……圣人之道在六经，汉儒得其制数，失其义理；宋儒得其义理，失其制数。"②由此可知，戴震主张"以艺为末，以道为本"，司马迁、班固、韩愈、柳宗元等虽有名于艺，然其文章之所以足以流传后世，正因为其不仅为艺，更因其中有本，其本即为道："诸君子不愿据其末，毕力以求据其本，本既得矣，然后曰：'是道也，非艺

---

①杨应芹,诸伟奇.戴震全书:第7册[M].合肥:黄山书社,2010:182.

②杨应芹,诸伟奇.戴震全书:第6册[M].合肥:黄山书社,2010:373.

也'"①。可见，戴震在此强调了道是文章的根本、文章的价值在于传道。

后来，戴震既反对"得其制数，失其义理"的汉学（汉儒），也反对"得其义理，失其制数"的宋学（宋儒），主张把义理之学与考核（制数）之学结合起来，从而主张义理、考据兼治。这是因为戴震认为汉、宋学者各得一失一，应该各打五十大板："先儒之学，如汉郑氏、宋程子、张子、朱子，其为书至详博，然犹得失中判。"②故而，对宋学固然不可以一味地盲从迷信，对汉学也不可以一味地尊崇固守，义理、考据之学应该兼治兼得。而对一般的词章之学，戴震则轻视之，认为其是艺而不是道。

戴震在见惠栋（乾隆二十二年，1757）后，他对义理与考据的关系又有了新的认识，即反对研究文献只是为考据而考据，强调文献考据是为了揭示典籍中所蕴涵的义理。戴震在见惠栋八年之后的乾隆三十年（1765），撰写了《题惠定宇先生授经图》以追思惠学，文中充满感情地说："震自愧学无所就，于前儒大师，不能得所专主，是以莫之能窥测先生涯涘。然病夫六经微言，后人以歧趋而失之也。言者辄曰：'有汉儒经学，有宋儒经学，一主于故训，一主于理义。'此诚震之大不解也者。夫所谓理义，苟可以舍经而空凭胸臆，将人人凿空得之，奚有于经学之云乎哉？惟空凭胸臆之卒无当于贤人圣人之理义，然后求之古经。求之古经而遗文垂绝，今古悬隔也，然后求之故训。故训明则古经明，古经明则贤人圣人之理义明，而我心之所同然者乃因之而明。贤人圣人之理义非它，存乎典章制度者是也。松崖先生之为经也，欲学者事于汉经师之故训，以博稽三古典章制度，由是推求理义，确有据依。彼歧故训、理义二之，是故训非以明理义，而故训胡为？理义不存乎典章制度，势必流入异学曲说而不自知，其亦远乎先生之教矣。"③由此可见，此处戴震所论显然同早年大不相同：义理、考核、文章三者不再各有其源，义理存乎于典章制度，亦即考据乃义理之源，义理必从考据出。这反映了戴震重视考据之学，而以义理之学为最终目的的思想。故而自从戴震与惠栋相见于扬州之后，由考据进而上求义理则成了他一生追求不懈的目标。

因此，在清代中前期汉学方兴未艾的学术氛围之中，戴震却能保持清

① 杨应芹,诸伟奇.戴震全书:第6册[M].合肥:黄山书社,2010:373.

② 杨应芹,诸伟奇.戴震全书:第6册[M].合肥:黄山书社,2010:370.

③ 杨应芹,诸伟奇.戴震全书:第6册[M].合肥:黄山书社,2010:497-498.

第一章 戴震的文献学理论

醒的头脑。面对当时诸多汉学家热衷于训诂、考据而相对轻视义理探索，从而缺乏理论思维治学风气的局面，戴震特别倡导训诂、考据与义理的结合，这是十分必要的，因为如果仅仅为了训诂而训诂、不以求义理为宗旨，则训诂就失去了其存在的实际应用价值。另一方面，求义理必须经由文字训诂之途，两者不可偏废。为纠偏补弊，戴震甚至更加强调义理的重要性，因而他将义理放在文章、考核学之首。

在《古经解钩沈序》中，戴震再一次强调了求义理与考据古代经典的关系，进而从方法论的角度论证了文字、训诂等语言学方法对于从古经之中求义理的作用与意义，他说："士贵学古治经者，徒以介其名，使通显欤？抑志乎闻道，求不谬于心欤？人之有道义之心也，亦彰亦微。其彰也，是为心之精爽；其微也，则以未能至于神明。六经者，道义之宗而神明之府也。古圣哲往矣，其心志与天地之心协，而为斯民道义之心，是之谓道。"[①]在这里，戴震明确地表示反对对古代经典只进行纯粹的考据而不探求义理的做法，实际上是对以惠栋为代表的吴派考据学者表达出某种不满，也是在对惠栋的后学余萧客等人进行委婉地规劝，所以戴震在文中进一步说："后之论汉儒者，辄曰故训之学云尔，未与于理精而义明。则试诘以求理义于古经之外乎？若犹存古经中也，则凿空者得乎？呜呼！经之至者，道也；所以明道者，其词也；所以成词者，未有能外小学文字者也。由文字以通乎语言，由语言以通乎古圣贤之心志，譬之适堂坛之必循其阶，而不可以躐等。"[②]从这一段文字可以看到，以戴震为代表的皖派考据学者，不反对义理，并着重强调了如何由考据探寻义理的方法，即将文字、词汇、语言看作是通向经典中圣人之道（义理）的台阶，舍此台阶，则无法探得古经中的义理。由此，戴震明确地将文字、词汇、典章制度、语言研究的价值及意义与探求义理的崇高的价值理想联系起来了，从而使得清代学人对古圣贤之心志的认识获得了坚实的方法论基础；另一方面又指明了文字、词汇、典章制度、语言学研究的方向，避免这类研究重新陷入汉儒的支离破碎的纯考据之中。对于这一点，段玉裁在《戴东原集序》中回忆戴震曰："始，玉裁闻先生之绪论矣，其言曰：'有义理之学，有文章之学，有考核之学。义理者，文章考核之源也，执乎义理，而后能考

① 杨应芹,诸伟奇.戴震全书:第6册[M].合肥:黄山书社,2010:375.

② 杨应芹,诸伟奇.戴震全书:第6册[M].合肥:黄山书社,2010:376.

核，能文章。'玉裁窃以为义理、文章，未有不由考核而得者。"①

正因为这样，戴震一方面批评丧失义理的文章，另一方面也批评忘却义理的经学。此即他在《答郑丈用牧书》中所说："今之博雅能文章善考核者，皆未志乎闻道，徒株守先儒而信之笃，如南北朝人所讥，'宁言周、孔误，莫道郑、服非'，亦未志乎闻道者也，私智穿凿者，或非尽掊击以自表襮，积非成是而无从知，先入为主而惑以终身；或非尽依傍以附骥尾，无鄙陋之心，而失与之等。故学难言也。"②当时的文章学家、考据学家皆有追名逐利之心而无闻道之志，这是戴震将理学家、考据学家和文章学家一同加以批评的原因。可见戴震认为有本的文章才可以传至后世，所谓本，是指儒家之道（义理），而儒家之道存在于儒家的经典之中，故而要从经典中求得义理，则必须要依赖考据才可。

可见，在戴震看来，义理最为重要，考据、词章只是通向义理的手段。这就使得戴震的考据学与众不同："有志闻道，谓非求之六经、孔、孟不得，非从事于字义、制度、名物，无由以通其语言。宋儒讥训诂之学，轻语言文字，是犹渡江河而弃舟楫，欲登高而无阶梯也。"③此段文字表明，戴震的考据学与众不同之处在于，其考据学、训诂学的根本目的是为了揭示传统经典中的义理，即根本目的是为了闻道。

戴震十七岁时即有志闻道，至其晚年，终于构建了自己的义理体系，此体系以《孟子字义疏证》一书为标志，而《孟子私淑录》《绪言》分别是《孟子字义疏证》的一稿、二稿。戴震阐发义理的哲学著作，是他治考据之学的最终目的。戴震借助对《孟子》的再次注释（主要见于《孟子字义疏证》），重新解释了理、天道、性、才、道、仁、义、礼、智、诚等哲学范畴，在继承并尖锐批评程朱理学的同时，展示出自己的哲学思想。段玉裁在《戴东原集序》中回忆戴震曾说过："六书、九数等事，如轿夫然，所以舁轿中人也。以六书、九数等事尽我，是犹误认轿夫为轿中人也。"④乾隆四十二年（1777）四月二十四日，戴震在给段玉裁的信中说：

① 杨应芹,诸伟奇.戴震全书:第7册[M].合肥:黄山书社,2010:228-229.
② 杨应芹,诸伟奇.戴震全书:第6册[M].合肥:黄山书社,2010:372.
③ 杨应芹,诸伟奇.戴震全书:第6册[M].合肥:黄山书社,2010:531.
④ 杨应芹,诸伟奇.戴震全书:第7册[M].合肥:黄山书社,2010:229.

"仆生平论述最大者，为《孟子字义疏证》一书，此正人心之要。"①由此可知，戴震将其义理巨著《孟子字义疏证》视作"轿中人"，其他诸如文字、音韵、训诂、算学、天文、地理等著作皆视为"轿夫"，而轿夫是为轿中人服务的。也就是说，戴震一生之所以要治文字、音韵、训诂、算学、天文、地理等等学问，都是为构建他的"正人心"的义理之学服务的。

戴震有志闻道，就是立志寻求自然和社会的真理，旨在寻求裨益民生、经世济民的治世之道。他与那些为逃避文字狱而钻故纸堆的人不同，与那些一味迷信汉儒，为经学而经学、为史而史的人不同，也与那些反对广读经史、考订群书的人不同，戴震一再强调："君子于书，惧其不博也；既博矣，惧其不审也；既博且审矣，惧其不闻道也。"②戴震博览群书、广征博引，但不株守先儒，他实事求是而不偏主一家，他空所依傍而更志存闻道；他重视传统文化的研究与经籍的考据、训诂，是为了反对程朱理学的以理杀人、是为了阐明经世致用的道理、是为了建构新的文化与哲学；他重视治经、精于考证，但他闻道的舟楫和阶梯，只是其明义理的一种手段而已，而只有明义理才能改变"酷吏以法杀人，后儒以理杀人"③的封建社会悲惨现状，这对清末以来革命者的反封建斗争起着积极的鼓动作用。由此可见，戴震重视传统典籍的整理、古籍的研究，其目的是志在闻道、探求义理，而考据是为其义理服务的，也即戴震遵守"义理第一，考据第二"的治学方法论。

戴震之学的主要特色，在于自始至终主张由考据而进推义理，并将考据与义理结合起来，这也是不同于惠栋之学的主要之处。戴震探索义理之学的主要方法，是力图将义理建立在考据之上，通过考据而求义理，这是对宋、明学者空谈义理的否定，也是他的考据服务于义理思想的印证。戴震在《原善》开篇就说："余始为《原善》之书三章，惧学者蔽以异趣也，复援据经言疏通证明之，而以三章者分为建首，次成上、中、下卷。比类合义，灿然端委毕著矣。天人之道，经之大训萃焉。"④此段文字说

① 杨应芹,诸伟奇.戴震全书:第6册[M].合肥:黄山书社,2010:533.

② 杨应芹,诸伟奇.戴震全书:第6册[M].合肥:黄山书社,2010:387.

③ 杨应芹,诸伟奇.戴震全书:第6册[M].合肥:黄山书社,2010:479.

④ 杨应芹,诸伟奇.戴震全书:第6册[M].合肥:黄山书社,2010:7.

明，戴震先提出自己的义理学说，再引经据典，"比类合义"而疏通证明之，因而戴震的著述可算得上是训诂、通经、明道的典范了。

由此可知，戴震治考据学的终极目的就是要建立一个能贯通于日用常行之间的义理体系。其文献考据遵循的大方向是，首先提出自己的义理观，再引经据典、疏通证明、比类合义，从而使先哲、贤人的义理灿然显示出来。

然而另一方面，戴震由典籍考据以求义理的文献学方法论并未能始终如一地贯彻，其考据与义理也往往相互脱节而不是完全科学地相结合，也就是说戴震从文献考据中有时并不能够必然地推导出义理，有时推导出的义理也只是戴震的义理而不是原作者的真正义理；戴震的义理之学是在经言外衣的庇护下对儒家经典及范畴所作的诠释，对程朱理学的批判也是通过回归儒家典籍这种形式表现出来的，并且他对程朱理学的批判在某种程度上也不彻底。但这些缺陷都是由于戴震所处的恶劣的政治环境所引起的，不能因此苛责戴震，更不能贬低和否定戴震的义理思想所具有的近代启蒙价值和意义。与同时代经学大师醉心于故纸堆、一心从事考据的学风相比，戴震的"义理第一，考据第二，考据为义理服务"的文献学思想是十分珍贵的。戴震的这种"义理第一，考据第二"的文献学方法论，对于我们今天要挖掘浩如烟海的古代典籍、阐发中华优秀传统文化、更要创造性地转化与创新性地发展传统文化以古为今用，是很有启迪与借鉴意义的。

二、以音、字通词，以词通道

识字、辨音是戴震治文献学的入门功夫。戴震指出，以识字为本，由识字形以知声音，由文字、音韵以究训诂，由训诂以知经义，进而求得"通道"。也就是说，文献考据的一般方法，首先要由文字、音韵入手研讨古书、古义，进而了解古籍中的名物、典章、制度等，最终理解典籍所蕴涵的义理（即"闻道""通道"）。他在青年至晚年都在阐述这一治经主张。

戴震在1753年（30岁）左右所写的《与是仲明论学书》中说："经之至者道也，所以明道者其词也，所以成词者字也。由字以通其词，由词以通其道，必有渐……一字之义，当贯群经、本六书，然后为定。"①

他在1769年（46岁）所著的《古经解钩沈序》中又说："经之至者，道也；所以明道者，其词也；所以成词者，未有能外小学文字者也。由文字以通乎语言，由语言以通乎古圣贤之心志，譬之适堂坛之必循其阶，而不可以躐等。"②

他在1771年（48岁）所写的《沈学子文集序》中又说："是以凡学始乎离词（小学故训），中乎辨言（立己之言），终乎闻道（探寻义理）。离词，则舍小学故训无所藉；辨言，则舍其立言之体无从而相接以心。"③

他在晚年所写的《与某书》中说："治经先考字义，次通文理。志存闻道，必空所依傍。"④

他在离世前数月写信给段玉裁说："仆自十七岁时，有志闻道，谓非求之六经、孔、孟不得，非从事于字义、制度、名物，无由以通其语言。宋儒讥训诂之学，轻语言文字，是犹渡江河而弃舟楫，欲登高而无阶梯也。为之卅余年，灼然知古今治乱之源在是。"⑤

可见，戴震强调治经必须以通晓典籍的文字、音韵为起点，由训诂以通词（字义），通词之后才能"闻道"，即"以音、字通词，以词通道"的解经公式。文字、音韵、训诂是治经的基础、手段、工具。由训诂以通词义，字义明才能谈得上义理明，文字、音韵与训诂是理解圣贤心志的必由之路，这正如没有舟楫就不能渡河，丢弃阶梯就难以登堂坛一样。戴震的这些说法是符合逻辑的，因为理义心志存在于书里，书是由语言文字写成的，因此要通乎古圣贤的心志，必须先由语音、文字来通晓语言，语言通晓了，才能进而弄懂书中蕴含的义理，了解古圣贤的心志。

反之，戴震将宋儒不注重文字、音韵、训诂而随意解释经典批评为"凿空"："又况古人之小学亡，而后有故训，故训之法亡，流而为凿空。数百年以降，说经之弊，善凿空而已矣。"⑥并进一步指明了宋儒随意"凿空"解经的两大弊端："是故凿空之弊有二：其一，缘词生训也；其一，

---

① 杨应芹,诸伟奇.戴震全书:第6册[M].合肥:黄山书社,2010:368-369.

② 杨应芹,诸伟奇.戴震全书:第6册[M].合肥:黄山书社,2010:376.

③ 杨应芹,诸伟奇.戴震全书:第6册[M].合肥:黄山书社,2010:39.

④ 杨应芹,诸伟奇.戴震全书:第6册[M].合肥:黄山书社,2010:478.

⑤ 杨应芹,诸伟奇.戴震全书:第6册[M].合肥:黄山书社,2010:531.

⑥ 杨应芹,诸伟奇.戴震全书:第6册[M].合肥:黄山书社,2010:375.

守讹传谬也。缘词生训者，所释之义，非其本义；守讹传谬者，所据之经，并非其本经。"①基于此，戴震对宋儒们诬圣乱经深感不满和忧惧，他说："宋儒仅改其指神识者以指理，而余无所改，其解孔、孟之言，体状复与彼相似。如《大学章句》于'在明明德'，《中庸章句》于'不显维德'，尤浑合几不可分"②；"夫六经字多假借，音声失而假借之意何以得？故训音声相为表里。故训明，六经乃可明。后儒语言文字未知，而轻凭臆解以诬圣乱经，吾惧焉"③。

戴震对宋儒加以严厉地批判，他说："汉儒故训有师承，亦有时傅会；晋人傅会凿空益多；宋人则恃胸意为断，故其袭取者多谬，而不谬者在其所弃。我辈读书，原非与后儒竞立说，宜平心体会经文。有一字非其的解，则于所言之意必差，而道从此失。……宋以来，儒者以己之见硬坐为古贤圣立言之意，而语言文字实未之知，其于天下之事也，以己所谓理强断行之，而事情原委隐曲实未能得，是以大道失而行事乖。"④在这段论述中，戴震虽然首先指出了汉儒"有时亦傅会"，从而委婉地批评了惠栋一派（吴派）的考据学者盲目迷信汉儒的缺陷；但更主要的，戴震则是对宋儒的严厉批判，他说宋儒其实缺乏古代语言文字的基本知识，他们是不懂古代经典中的诸多文字的读音和含义的，从而是很难读懂古书的，因此他们的那些连篇累牍的注解是靠不住的，其结果是把自己的见解硬说成是古圣贤的意思，对天下事便以自己的所谓一套道理来强行决断，最终弄得真正的道义丧失而百姓尽成顺民，使天下人深受其害，这是以理杀人。

基于这样的缘由，戴震在文献考证实践中，遵循着以音、字通词，以词通道的原则与方法：一般先以古代字书，特别是以《尔雅》《方言》《说文解字》为训释依据，然后举证文献，应用故例，以验证典籍的字、词义与字书的字、词义是否一致，不一致则衍释字、词义，最后得出结论，从而阐述经典中所蕴涵的微言大义。

例如，戴震在早年所著的《经考附录》中论"易、象、象三字皆六书之假借"一条时，先引张载的"日月为易"说、陆佃的"蜥易"说、罗泌

① 杨应芹,诸伟奇.戴震全书:第6册[M].合肥:黄山书社,2010:376.
② 杨应芹,诸伟奇.戴震全书:第6册[M].合肥:黄山书社,2010:353-354.
③ 杨应芹,诸伟奇.戴震全书:第6册[M].合肥:黄山书社,2010:382.
④ 杨应芹,诸伟奇.戴震全书:第6册[M].合肥:黄山书社,2010:478-479.

的"象者，茅犀之名，豨神是已"说、吾丘衍的"象、象皆假畜兽"说、黄宗炎的"易取象虫，其色一时一变"说、王弘的"古篆文，易从日从月"说等，然后作按语评议道：

> 六书之假借，《说文·序》云："本无其字，依声托事"，是也。凡六书之字，古人谓之名。名者，声之为也。既以声名之，从而为之字。假借者，本无其字，而假他字以寄是名者也。或两名声同，则为同声之假借；或两名声微异，则为转声之假借。上古但有语言，未有文字，语言每多于文字，亦先于文字。事物之变换迁移谓之易，此一名也；蜥易之为物，以双声名之，此又一名也。未立蜥易字之前，不可谓无变易之语。专就蜥易傅会变易之义，可乎？《易》之为变易，《象》之为像，无涉于虫兽。说者支离穿凿，由六书不明，不知假借之说耳。日月为易尤谬。①

此番议论，纯从文字、音韵学知识出发来指正种种误说并解释"易"的正确词义，进而揭示经义，实为由音、字通词义，由训诂以明义理的最具体例证。

再如，《诗经·硕鼠》中有"乐国乐国，爰得我直"一句，戴震作按语注曰："直，谓遂其性也。"②戴震把"直"释为人性之"直"，去"乐国"的目的是能顺其人性，得到自由。言下之意，硕鼠不劳而获，"莫我肯德"，是毁灭人性的，而"逝将去汝"，前往那"乐国"，是为了寻找和恢复人性自由。此一注经之法，便是明显的由字（直）通词（人性之直），由词通道的文献考证方法。

对于戴震的这种治经方法，近现代著名文字、训诂学家胡朴安（1878—1947）在其所撰的《戴东原先生全集序》中明确地指出："先生治学之方法，以识字为读经之始，以穷经为识义理之途……由声音以求文字，由文字以求诂训，由诂训以求典章制度，由典章制度以求义理，与专讲义理，蔑视诂训，所谓'宋学'者不同，与专讲诂训，蔑视义理，所谓'汉学'者亦不同。此先生之学所以高于乾、嘉诸儒，而其治学方法则为

---

① 杨应芹,诸伟奇.戴震全书:第2册[M].合肥:黄山书社,2010:374-375.
② 杨应芹,诸伟奇.戴震全书:第1册[M].合肥:黄山书社,2010:276.

乾、嘉诸儒所未能尽也。"①

这种"以音、字通词,以词通道"的渐近原则与方法,不仅是戴震治文献考据之学的主要原则与方法,而且其后成为历代学者进行文献整理、考订、研究的基本指导原则与方法,普遍认为通经须先识字、知音。为什么非由字不能通词,非由词不能通"道"呢?因为一个字表示一个概念,字解释得不清楚,概念自然是错误、混杂的,错误、混杂的概念,所阐释出来的义理、道理等等也定会模糊不清而难以令人信服。

"以音、字通词,以词通道"的方法在今天仍然是有现实指导意义的。今天我们用马克思主义的观点来整理传统文化典籍、弘扬祖国优秀传统文化,并作出某种结论,这并不是在传统文化典籍之外又附加上什么东西,而恰恰是要运用科学的观点和有效的方法,找出它们内在蕴涵的道理,以期为今天的国家、社会建设服务,而这自然需要首先通晓古音、古字、古词,才能读懂书中的意思,也才能寻得它们内含的能够古为今用的道理。

## 第二节　具体考证方法

### 一、求真求是,本末兼察

戴震提出了治考证学应"不以人蔽己,不以己自蔽,不为一时之名,亦不期后世之名"②的著名论断。他在暮年所著的《答段若膺论韵》(乾隆四十一年,1776)中再次强调了这一主张:"仆以为考古宜心平,凡论一事,勿以人之见蔽我,勿以我之见自蔽。"③所谓"蔽"就是:"其生于心也为惑,发于政为偏,成于行为谬,见于事为凿、为愚,其究为蔽之以己。"④所谓"人蔽",就是被别人的见解所束缚,而不见字词真义,因而也不见六经真相(此处戴震所言的"人蔽",主要是指宋、明时期的儒者以自己的见解冒充古圣贤立言之意所造成的蒙蔽)。所谓"己蔽",则是由

----

① 杨应芹,诸伟奇.戴震全书:第7册[M].合肥:黄山书社,2010:233、235.

② 杨应芹,诸伟奇.戴震全书:第6册[M].合肥:黄山书社,2010:371—372.

③ 杨应芹,诸伟奇.戴震全书:第3册[M].合肥:黄山书社,2010:361.

④ 杨应芹,诸伟奇.戴震全书:第6册[M].合肥:黄山书社,2010:23.

于自己的主观臆断而产生的片面性看法。因此，治经时必须首先要破"人蔽"、除"己蔽"。

戴震进而分析了学者之所以为人所蔽和为己所蔽的心理原因："有名之见其弊二：非掊击前人以自表襮，即依傍昔儒以附骥尾。二者不同，而鄙陋之心同。"①可见戴震认为，学者的"名之见"导致"鄙陋之心"是出现为人所蔽和为己所蔽的心理原因：或者为了一时之名或后世之名，从而不论是非地去批判前人，借攻击别人来提高自己的知名度；或者是为了一时之名或后世之名去依傍先贤，附其骥尾，以提升自己的知名度。前者由好名的己蔽而终蔽于己，后者由好名的己蔽而终蔽于人，二者都是由于动机鄙陋所致。由此，戴震告诫人们，典籍考据的价值在于还原其真面目，好名者不在求真上下苦功夫，似乎懂得很多，其实他们的所知皆非科学真知，因而也就毫无学术价值可言。

进一步，如何破"人蔽"？戴震说："学以牖吾心知，犹饮食以养吾血气，虽愚必明，虽柔必强。可知学不足以益吾之智勇，非自得之学也，犹饮食不足以增长吾血气，食而不化者也。君子或出或处，可以不见用；用必措天下于治安。"②在这里，戴震认为，通过学习可以开启人之心智，使人由愚昧变为聪明，使知识日益增长，行为趋于适当，从而打破"人蔽"。治经时打破"人蔽"，必须具备一种追本穷源的探原精神，要"征实不诬""无征不信"，于一物一名之中，言其大名大原，而穷其终极。

如何除"己蔽"？戴震指出：应当深思自得，"传其信，不传其疑，疑则阙，庶几治经不害"③，而不能"以己之见硬坐为古圣贤立言之意"④。由此可见，"解蔽"（破"人蔽"和除"己蔽"）是要排除治经时干扰和蔽塞认识能力的各种消极因素，以使人们在观察、认识事物时具有科学的态度，这就要求在考证时，重客观证据，做到凭心得而不凭臆测，凭博征而不凭孤证，凭逻辑推理而不凭主观臆断。

"解蔽"的目的何在？戴震认为是要从六经中寻求"十分之见"。他说："凡仆所以寻求于遗经，惧圣人之绪言暗汶于后世也。然寻求而获，

---

① 杨应芹,诸伟奇.戴震全书:第6册[M].合肥:黄山书社,2010:372.
② 杨应芹,诸伟奇.戴震全书:第6册[M].合肥:黄山书社,2010:478.
③ 杨应芹,诸伟奇.戴震全书:第6册[M].合肥:黄山书社,2010:371.
④ 杨应芹,诸伟奇.戴震全书:第6册[M].合肥:黄山书社,2010:478.

有十分之见，有未至十分之见。所谓十分之见，必征之古而靡不条贯，合诸道而不留余议，巨细毕究，本末兼察。若夫依于传闻以拟其是，择于众说以裁其优，出于空言以定其论，据于孤证以信其通，虽溯流可以知源，不目睹渊泉所导，循根可以达秒，不手披枝肄所歧，皆未至十分之见也。以此治经，失不知为不知之意，而徒增一惑，以滋识者之辨之也。"①由此可以看出，戴震所说的寻求而获"十分之见"，是指获得一种正确的结论，这种结论是在掌握大量材料、经过仔细分析与建立在证据充分的基础上的见解，它必须能运用于解说相关古籍而无不通达，即证据充分、多方符合，才能成立。而要得出"十分之见"，就必须下一番"目睹渊泉所导""手披枝肄所歧""循根达秒""深思自得"的苦功夫；必须对相关问题巨细毕究，本末兼察，溯源追流，根梢枝叶悉数弄清才可以得出。反之，如果只据传闻就定是非，或从众多说法中择取所谓优长者，或者仅凭冥想空谈就下结论，或者只根据孤证就坚信不疑，都未至"十分之见"，其结论是靠不住的。

梁启超特别推崇戴震"求十分之见"的做法，他评议说："其所谓十分之见与未至十分之见者，即科学家定理与假说之分也。科学之目的，在求定理，然定理必经过假设之阶段而后成。初得一义，未敢信为真也，其真之程度，或仅一二分而已，然姑假定以为近真焉，而凭藉之以为研究之点，几经试验之结果，寝假而真之程度增至五六分、七八分，卒达于十分，于是认为定理而主张之。其不能至十分者，或仍存为假说以俟后人，或遂自废弃之也。凡科学家之态度，固当如是也。震之此论，实从甘苦阅历得来。所谓昔以为直而今见其曲，昔以为平而今见其坳，实科学研究法一定之历程，而其毅然割舍，'传信不传疑'，又学者社会最主要之道德矣。"②

戴震求"十分之见"的治学态度和方法，代表了乾嘉学术的求真、求是精神，这是很值得今天的科研工作者学习的。因为科学研究的目的在于求定理，定理即是被证实了的真理。而科学的立论，不仅要拿证据来，而且要拿出充足的证据来，否则，就是"未至十分之见"，其所谓立论尚且只是一种假设。因此，科学研究必须遵循实事求是的准则，要有"知之为

① 杨应芹,诸伟奇.戴震全书:第6册[M].合肥:黄山书社,2010:370.

② 梁启超.清代学术概论[M].上海:上海古籍出版社,1998:36-37.

知之，不知为不知"的客观态度，在证据尚且不足以作出科学结论的情况下，宁可阙疑，也不可将假设当作结论，不可以将"未至十分之见"当作"十分之见"。反之，失去了实事求是的准则，将"未至十分之见"当作"十分之见"，则只能给后人增添更多的疑窦，造成混乱，实乃害人不浅。

"十分之见"是定理、真理，是治经的"识断、精审"。清代乾嘉考据学家均很重视知识之渊博，然而他们往往沉迷于淹博，为考据而考据。戴震则提出不仅要有渊博的学识，并且还要识断而精审。他说："仆闻事于经学，盖有三难：淹博难，识断难，精审难。三者，仆诚不足与于其间，其私自持，既为书之大概，端在乎是。前人之博闻强识，如郑渔仲、杨用修（郑渔仲，指郑樵，字渔仲；杨用修，指明代文学家杨慎，字用修）诸君子，著书满家，淹博有之，精审未也。别有略是而谓大道可以径至者，如宋之陆，明之陈、王（指宋代的陆九渊，明代的陈献章、王守仁。他们是'心学'的代表人物，治学修养方法上强调明心见性，批评'道学问'为支离破碎），废讲习讨论之学，假所谓'尊德性'以美其名，然舍夫'道问学'则恶可命之'尊德性'乎？未得为中正可知。群经六艺之未达，儒者所耻。"①用今天的话说，"淹博"就是博览群书，广泛地占有资料；"识断"就是分析与判断资料后形成观点的能力；"精审"就是掌握科学的方法，并善于分析、辨别材料以归纳其条理、条例，形成结论、定理、定律等等。只有具备了"淹博""识断"这两个条件，然后才能达到"精审"的境界。由此可知，戴震强调理论、定理、定律等"十分之见"的正确得出，是以广泛地占有资料并能驾驭材料为基础的，由此，他批评宋代的郑樵和明代的杨慎，认为他们仅仅只能做到"淹博"，还远未达到"精审"的地步。戴震之学不同于惠栋之学的主要方面，就在于惠学仅淹博，而戴学则识断且精审也。

余廷灿在其所撰的《戴东原先生事略》中曾对戴学"识断且精审"之特色解释道："有一字不准六书，一字解不通贯群经，即无稽者不信，不信者必反复参证而后即安。以故胸中所得，皆破出传注重围，不为歧旁骈枝所惑，而一禀古经，以求归至是，符契真源，使见者闻者，洒然回视易听。"②此处的"至是"就是戴震所说的"十分之见"。

————————
① 杨应芹,诸伟奇.戴震全书:第6册[M].合肥:黄山书社,2010:369-370.

② 杨应芹,诸伟奇.戴震全书:第7册[M].合肥:黄山书社,2010:25.

为求得"十分之见"，戴震在考证古籍时，对典籍皆"本末兼察"，以力图揭示文献资料中深含的真正义旨，以求"其真""其是"。例如，戴震在作《屈原赋注》时，十分注重概括原文本旨，他将《离骚》分成十段，对各段大意均作出了概括："第一段：自叙生平大略，而终于君之信谗，后四段乃反复推明之……第二段：申言被谗之故，而因自明其志如此……第三段，言君信谗之故，而己终不随流俗，以申前意也……第四段，设为退隐之思，言事君虽不得，而好修不变，亦以申前意……第五段，借女嬃之言而因之陈词。言熟观古今治乱，得其中正之道如是，此所以与世不合之端，已必不可变者也，申前未尽之义……第六段，托言往见古先哲王之在天者以自广，卒沮隔于飘风云蜺，欲进不遂，因以叹溷浊之世，大致如斯……第七段，托言欲求淑女以自广，故历往贤妃所产之地，冀或一遇于今日，而无良媒以通己志，因言世之溷浊，无所往而可者。……第八段，命灵氛为卜其行，而因念世之弃贤如此……第九段，既又闻吉占之故，而复审之于己，言不独世弃贤，向所称贤者，亦往往因之自弃，惟己则不随流俗迁改，计有去此而已……第十段，托言远逝所至，忧思不解，志在眷顾楚国终焉。"①戴震如此尽心尽力地概括《屈原赋》的内在原旨，其目的就在于求得"其真""其是"。

戴震不仅概括大段的原旨，而且对大段中的小段原旨也加以概括，以层层揭示《离骚》的丰富内涵，即其所谓"本末兼察"。如第一大段中的第一小段："'予固知謇謇之为患兮，忍而不能舍也……'：承上见怒于君，而自明事君之心，因追言君之曾任己，独惜其变操不常，无任贤图治之略。"②

戴震如此苦心寻找《离骚》中的义理精核，完全有其明确的指导思想，就是考证时通过"本末兼察""洞彻本源"的方法，力求探寻"闻道"的"十分之见"。他如此说道："余读屈子书，久乃得其梗概，私以谓其心至纯，其学至纯，其立言指要归于至纯。二十五篇之书，盖经之亚。"③

本末兼察以求"其是"，是戴震治文献学的重要方法之一。戴震主张

---

① 杨应芹,诸伟奇.戴震全书:第3册[M].合肥:黄山书社,2010:617-629.

② 杨应芹,诸伟奇.戴震全书:第3册[M].合肥:黄山书社,2010:617.

③ 杨应芹,诸伟奇.戴震全书:第3册[M].合肥:黄山书社,2010:613.

唯求其是，反对的并非信古，而是泥古者的将汉儒经解真理化，从而力求从形式上摆脱惠学（惠栋之学）的禁锢，把受束缚、被挤压而变形的求真本意释放出来，并使之得到完全的抒发。故其"求是"的表达，既是对汉学家法的继承，更是对求真本意的深化。正如洪榜在《戴先生行状》中记载的考据学家王鸣盛曾说："方今学者，断推两先生，惠君之治经求其古，戴君求其是，究之，舍古亦无以为是。"①梁启超曾力赞戴震治经的这种"求是"方法："东原在学术史上所以能占特别重要位置者，专在研究法之发明，他所主张'去蔽''求是'两大主义，和近世科学精神一致……所以东原可以说是我们科学界的先驱者。"②

戴震还十分看重"求真"的精神对于人们学术研究的指导意义。他认为，当时很多人之所以满足于前辈的学术成果，是因为缺乏求真、求道之心："故诵法康成、程、朱不必无人，而皆失康成、程、朱于诵法中，则不志乎闻道之过也。诚有能志乎闻道，必去其两失，殚力于其两得。"③由此戴震严厉地批评同时代人丧失了追求真理的求真精神，指出这是玩弄考据学的猥琐态度，此即他所说："今之博雅文章善考核者，皆未志乎闻道，徒株守先儒而信之笃，如南北朝人所讥，'宁言周、孔误，莫道郑、服非'，亦未志乎闻道者也，私智穿凿者，或非尽掊击以自表襮，积非成是而无从知，先入为主而惑以终身；或非尽依傍以附骥尾，无鄙陋之心，而失与之等。故学难言也。"④

进一步，戴震指出了治考证学中的两种不求甚解的猥琐态度、不良倾向：一是"信古而愚"，二是"不知而作"⑤。"信古而愚"，即对古人的说法不懂但也不问为什么，只知盲目尊信、服从；"不知而作"，即对古人的说法虽心存怀疑，但也不深究为什么，就轻率地换了说法。由此可以看出，戴震强调文献考据要知其然更要知其所以然，不管你是相信它还是怀疑它，都要有尽可能充分的证据和理由，即将问题的每一个方面、每一个环节都要考察清楚，而这也正是求"十分之见"的关键所在。

---

① 杨应芹,诸伟奇.戴震全书:第7册[M].合肥:黄山书社,2010:10.

② 梁启超全集:第7册[M].北京:北京出版社,1999:4179.

③ 杨应芹,诸伟奇.戴震全书:第6册[M].合肥:黄山书社,2010:371.

④ 杨应芹,诸伟奇.戴震全书:第6册[M].合肥:黄山书社,2010:372.

⑤ 杨应芹,诸伟奇.戴震全书:第6册[M].合肥:黄山书社,2010:276.

事实上，虽然戴震在考证中得到的结果不一定都是"十分之见"，而且有时候还可能是错误的，但至少他一直是在自觉地向这个方向努力。戴震的这种求真求是的治学方法，不仅使他自己成为清代乾嘉学派的领袖，而且直接影响了其他许多乾嘉学者，尤其是段玉裁及王念孙、王引之父子，他们的文献学著作基本上都是在追求"十分之见"的原则与方法中完成的。正因为如此，乾嘉学者考证出来的大多数结论后来都被人们看成是学术定论，而他们的文献考证学方法也为后人所肯定和继承。今天我们要整理、研究浩如烟海的祖国传统文化典籍，必须学习戴震追求"十分之见"的考证原则、方法，只有大量地占有、把握材料并娴熟地驾驭、使用材料，将问题的方方面面、枝枝节节都考察清楚，真正揭示出传统文化典籍中蕴涵的有益于国家、社会建设的义理，然后再下结论，才能做到继承、弘扬祖国优秀传统文化而古为今用。

二、不偏主一家，力主实证

孟子曾说："尽信书，则不如无书。"[①]戴震也是如此，不盲目迷信古书，不崇拜某一家一派之说，而以审慎的态度对待文献资料，以实事（实证）来寻求典籍中的原旨（即"求是"）。

戴震自幼读书就有不迷信古人的态度。当时学子都要读"四书""五经"。《大学》是"四书"之一，为宋朝理学家极力推崇，朱熹作《大学章句》，将《大学》一篇分为经、传两个部分，并移易原文，从首句"大学之道，在明明德"至"其所厚者薄，而其所薄者厚，未之有也"，朱熹注曰："右经一章，盖孔子之言，而曾子述之。其传十章，则曾子之意，而门人记之也。"[②]对朱熹的说法，五百年来，虽有人提出过怀疑，但在程朱理学作为官方意识形态并占据着统治地位的时代，人们大多相信朱熹之说，可是戴震不相信。有一天老师讲授《大学章句》，至"右经一章"以下，戴震问："此何以知为孔子之言而曾子述之？又何以知为曾子之意而门人记之？"老师曰："此朱文公所说。"又问："朱文公何时人？"答曰："宋朝人。""孔子、曾子何时人？""周朝人。""周朝、宋朝相去几何时矣？""几二千年也。""然则朱文公何以知然？"老师无法回答，只得夸奖

---

① 姚永慨.孟子[M].合肥：黄山书社,1999:247.

② （宋）赵顺孙.大学纂疏[M].上海：华东师范大学出版社,1992:37.

戴震说："此非常儿也。"①

对于这则故事，梁启超评论说："此一段故事，非惟可以说明戴氏学说之出发点，实可以代表清学派时代精神之全部。盖无论何人之言，决不肯漫然置信，必求其所以然之故；常从众人所不注意处觅得间隙，既得间，则层层逼拶，直到尽头处；苟终无足以起其信者，虽圣哲父师之言不信也。此种研究精神，实近世科学所赖以成立。而震以童年具此本能，其能为一代学派完成建设之业固宜。"②的确，戴震小小年纪就敢于怀疑，不盲从古人，表现出与众不同的一面，这对他后来批判权威、倡导实证之学产生了很大影响。

在考据典籍时，戴震客观地对待《毛诗》《尔雅》《说文》等资料，不因它们是经典名作而盲目迷信它们。他说："《说文》所载九千余文，当小学废失之后，固未能一一合于古。即《尔雅》亦多不足据……《毛诗》误用《尔雅》者甚多。先儒言《尔雅》往往取诸《毛诗》，非也。若《说文》视《尔雅》《毛诗》固最后，沿本处多，要亦各有师承……《说文》于字体字训，罅漏不免。"对此，他举例说明："台""联""阳"三字是"予我"之"予"，"赍""畀""卜"三字是"赐予"之"予"，而《尔雅·释诂》中把六个字交叉排列，同训为"予也"，就分不清两种意义的区别，"不得错见一句中"③。

清代的许多考据学家一般都非常尊崇信服汉代的郑玄、许慎，特别是以惠栋为代表的吴派学者，尊信到了几乎是佞汉的程度，凡古必信，凡汉皆好。戴震虽然也很重视求古，但他追求的根本目的是"求是"，为了求真求是，即使是郑玄、许慎这样的大家，他也敢于批评指正而绝不一味地盲从，如撰写《考工记图》时，年轻的戴震发现"郑注"（汉代郑众、郑玄的注）虽然总体较完善，但也有不少讹误，应该加以改正而不能盲从："又如凫氏之钟，后郑云：'鼓六、钲六、舞四，其长十六。'又云：'今时钟或无钲间。'既为图观之，乃知其说误也。……然则《记》所不言者，皆可互见。若据郑说，有难为图者矣。其他戈戟之制，后人失其形似。式

---

①杨应芹,诸伟奇.戴震全书:第7册[M].合肥:黄山书社,2010:133.

②梁启超.清代学术概论[M].上海:上海古籍出版社,1998:34.

③杨应芹,诸伟奇.戴震全书:第3册[M].合肥:黄山书社,2010:334-335.

崇式深，后人疏于考论。郑氏《注》固不爽也。"①再如《尚书义考》中的"曰若稽古"条，郑玄训"稽古"为"同天"，实乃大谬。而清儒《尚书》学者们因它是郑玄所训释，便勉强而从之。但戴震没有盲目迷信郑注，而是将之从郑玄古文经中严加剔除。他说："稽古，犹言考之昔者，凡已往则称古昔。……郑康成训'稽古'为'同天'，于字义全非。"②由此足见他"不偏主一家"的原则。

戴震"不偏主一家"实际上也就是他所说的"勿为株守"的文献考据方法："仆情僻识狭，以谓信古而愚，愈于不知而作。但宜推求，勿为株守。"③"勿为株守"的意思就是不株守一家之言，不迷信一派之说。之所以要"勿为株守"，其原因在于：其一，因为小学废失之后，字体、义训与远古未能一一相符合，加上今古悬隔，文字演变，语言发展，书面上传写致误，难以避免；其二，因为株守一家之言、盲从一派之说，容易造成只见树木不见森林，这样就会难以闻道，难以探得真正的经义。戴震在《答郑丈用牧书》中指出了当时一些文人因"株守"而"皆未志乎闻道"的弊病，曰："今之博雅能文章善考核者，皆未志乎闻道，徒株守先儒而信之笃，如南北朝人所讥'宁言周、孔误，莫道郑、服非'，亦未志乎闻道者也。"④可见，戴震强调了勿株守，务在闻道，得经义，应不存鄙陋之心。

不株守故训，不盲从前人之说，但也不意味着可以"轻疑前古"，因此，必须处理好信古与疑古的关系。戴震认为"信古而愚"固然错误，而"轻疑前古"也不正确，对某一问题不可以轻率地就否定前人之说。例如，任大椿曾致信戴震，辨丧服等制，否定孔颖达、贾公彦、郑玄之说，又说《仪礼》为刘歆、王莽所作。对此轻疑古人的毛病，戴震回信斥责说："以此治经，则思之所入，愿弗遽以为得，勿以前师之说可夺而更之也。今幼植奋笔加驳于孔冲远、贾公彦诸儒，进而难汉之先师郑君康成矣，进而訾汉以来相传之子夏《丧服传》为刘歆、王莽傅会矣，进而遂訾《仪礼》之经、周公之制作为歆、莽之为之矣。呜呼！《记》不云乎：'毋

① 杨应芹，诸伟奇.戴震全书：第5册[M].合肥：黄山书社，2010：461-462.

② 杨应芹，诸伟奇.戴震全书：第1册[M].合肥：黄山书社，2010：17.

③ 杨应芹，诸伟奇.戴震全书：第6册[M].合肥：黄山书社，2010：276.

④ 杨应芹，诸伟奇.戴震全书：第6册[M].合肥：黄山书社，2010：372.

轻议礼。'……震向病同学者多株守古人，今于幼植反是。凡学未至贯本末，彻精粗，徒以意衡量，就令载籍极博，犹所谓'思而不学则殆'也。"① 所谓"反是"，指任幼植治学病不在株守古人，而在轻疑前古，竞立新说。古人不是不可以訾难，而在于不该轻易疑訾。戴震在写给王鸣盛的信中也说道："余独以谓病在后人不能遍观尽识，轻疑前古，不知而作也。"② 由此可以看出，戴震在写给王鸣盛、任大椿二人的信中，都重点强调了既纠"信古"之弊，又药"疑古"之病，其意图在于主张"宜推求，勿株守"。这一理论的建立，使文献考据学摆脱了宋明理学的束缚，从而恢复了朴学的传统。

戴震极力反对典籍考释中"轻疑前古""以意衡量""轻凭臆解"这类"诬圣乱经"的做法，主张治考证学应力求遍观尽识，这才能避免"轻疑前古，不知而作"，因而他在对古籍考证时注重实证，不空谈，这实质上是一种朴素的唯物主义治学精神。

戴震考证文献反对盲从因袭，强调要博考众家、博采众长，即力主实证。实证含文献书证和实地事证两方面。他在考证时，引经据典，力求使自己的论述有尽可能多的书证。有两组数字足以说明：

（1）《经考》与《经考附录》的宏观统计数字：

|  | 引用典籍 | 涉及学者 | 引书字数 | 按语 | 按语字数 |
|---|---|---|---|---|---|
| 《经考》 | 70多种 | 70多人 | 6万多 | 48条 | 12000多字 |
| 《经考附录》 | 100多种 | 170多人 | 10万多 | 25条 | 4000余字 |

（2）《尚书义考》卷一中，解释"以亲九族"和"日中星鸟"两条目的微观统计数字：

|  | 总字数 | 引书 | 引言论 | 引用字 | 按语 | 按语字数 |
|---|---|---|---|---|---|---|
| 以亲九族 | 1600字 | 4种 | 7人 | 900字 | 1条 | 700多字 |
| 日中星鸟 | 3500字 | 3种 | 7人 | 1000字 | 2条 | 2500字 |

除丰富的文献书证之外，戴震很注重实地事证。如他在纠正顾祖禹《读史方舆纪要》中误把虎泽说成在永宁州以北时，亲自考察了汾州府西北至永宁州以北一带的实际地形地貌，然后指正说："自府而西北至永宁

---

① 杨应芹,诸伟奇.戴震全书:第6册[M].合肥:黄山书社,2010:363、367.

② 杨应芹,诸伟奇.戴震全书:第6册[M].合肥:黄山书社,2010:275—276.

州之北，群山簇拥岩谷之险，绝无平地以容所谓虎泽者。"①再如，在《水地记》的"黄栌之南，胜水所出，曰岐山"这一章中，戴震特别说明："余以己丑年游其地，登吕梁、黄栌、薛颉、狐歧及汾东绵山，亲所经见，乃晓然于《禹贡》之文，惟壶口属治河，余则治汾、沁、漳、潞暨其间诸山涧溪谷。"②正由于戴震实地考察了汾州一带，获取了许多的实地事证，他才可能据此指出《元和郡县图志》等有关汾州史料记载的种种讹误，从而在新修的《汾州府志》中避免种种错误而使该志书详审精核，成为清代著名的方志书之一，倍受后世称赞。而戴震在应邀编修《汾州府志》和《汾阳县志》时，对于山川、市镇、村邑的变迁，地形、地貌特征及农政、水利诸类设施等，都要实地考察，以得到它们的详细情况，体现了戴震重视实际考察以获取实证而修志的特点。这种亲身体验、力主实证所得，显然是枯坐冥想、闭门造车或其他方法、手段所无法得到和取代的。

戴震力主实证，反对无实证而盲目照抄古人、古书。戴震讥笑那些不经过有力的考据和详尽的实证就盲目照抄之人，如他说："《水经注》'水流松果之山'，钟伯敬本'山'讹作'上'，遂连圈之，以为妙景，其可笑如此。'松果之山'，见《山海经》。"③

钱大昕在其所撰的《戴先生震传》中评述戴震的这种方法为："讲贯《礼经》制度名物及推步天象，皆洞彻其原本。既乃研精汉儒传注及《方言》《说文》诸书，由声音、文字以求训诂，由训诂以寻义理，实事求是，不偏主一家，亦不过骋其辩以排击前贤。"④对此方法，段玉裁在《戴东原集序》中也评议说："先生之治经，凡故训、音声、算数、天文、地理、制度、名物，人事之善恶是非，以及阴阳气化、道德性命，莫不究乎其实。"⑤《清史稿》中则直接明确地说戴震"研精注疏，实事求是，不主一家"⑥。

戴震对古书、古注采取实事求是的客观态度，既充分看到古籍本身的

① 杨应芹,诸伟奇.戴震全书:第6册[M].合肥:黄山书社,2010:329.
② 杨应芹,诸伟奇.戴震全书:第4册[M].合肥:黄山书社,2010:442.
③ 杨应芹,诸伟奇.戴震全书:第7册[M].合肥:黄山书社,2010:188.
④ 杨应芹,诸伟奇.戴震全书:第7册[M].合肥:黄山书社,2010:14-15.
⑤ 杨应芹,诸伟奇.戴震全书:第7册[M].合肥:黄山书社,2010:229.
⑥ 杨应芹,诸伟奇.戴震全书:第7册[M].合肥:黄山书社,2010:3.

许多优点，又注意到，由于后世社会的进步，使得看问题更为客观深刻，从而暴露出古书、古注在某些方面存在着问题。以这种客观审慎的原则来考证文献，才能保证对古籍的正确认识，也才能够更好地整理、研究与利用历史文献。

三、学贵专精，巨细毕究

戴震自幼读书时，就力求精微细致。段玉裁在《戴东原先生年谱》中记载道："先生十六七以前，凡读书，每一字必求其义。塾师略举传、注训诂语之，意每不释。塾师因取近代字书及汉代许氏的《说文解字》授之，先生大好之，三年尽得其节目。又取《尔雅》《方言》及汉儒传、注、笺之存于今者，参伍考究。一字之义，必本六书、贯群经以为定诂。由是尽通前人所合集《十三经注疏》，能全举其辞"①；"先生少时学为古文，摘取王板《史记》中十篇，首《项羽本纪》，有《信陵君列传》《货殖传》，其他题记忆不清，皆密密细字，评其结构、用意、用笔之妙。"②

戴震不仅读书勤于精细，其治考据学也追求"学贵于精"，此即他所说的："学贵精不贵博，吾之学不务博也"；"知得十件而都不到地，不如知得一件却到地也。"③

戴震"学贵于精"的主张体现在考证时，首先是强调考据的准则必须是精准（精确）、"毫厘不可有差"："如绳绳木，昔以为直者，其曲于是可见也；如水准地，昔以为平者，其坳于是可见也。"④这种说法是有道理的，因为一个字或词在一定的用法上非此即彼，不能既有此义又有彼义，而一个字或词的确切含义往往与当时的社会客观事实相联系，所以精准、"毫厘不可有差"地考证文献必然要求做出的结论是符合一定的客观社会现实才行。由此，戴震并不把汉儒当作偶像来崇拜，一切都要以是否符合客观事实来加以裁决，而绝对不可以牵强附会，所以汉儒对经书的神学曲解，也在戴震的纠正之列。例如，郑玄是汉代的经学权威，他在注《尚书·尧典》"曰若稽古帝尧曰放勋"一句时，云"稽，同也。古，天也。

---

① 杨应芹,诸伟奇.戴震全书:第7册[M].合肥:黄山书社,2010:134.

② 杨应芹,诸伟奇.戴震全书:第7册[M].合肥:黄山书社,2010:189.

③ 杨应芹,诸伟奇.戴震全书:第7册[M].合肥:黄山书社,2010:187.

④ 杨应芹,诸伟奇.戴震全书:第6册[M].合肥:黄山书社,2010:371.

言能同天而行者帝尧"①。这是东汉经学神学化的一例，然而后人因它是郑玄所训释便大多从之。但戴震没有盲目迷信郑注，而是在通解全句后，摒除了"稽古"义为"同天"的神秘解释，断定这四个字是"前史所注记，后史从而删取成篇，故发端言'粤若稽古'犹后人言'谨案'云尔"②。据此，这句话的句读应考订为"曰若稽古，帝尧曰放勋"。后一个"曰"字是普通的称谓词。"稽古，犹言考之昔者，凡已往则称古昔。……郑康成训'稽古'为'同天'，于字义全非。"③因此，这句话的意思平常得很，就是"吁！按之古昔，有帝尧者名放勋"而已。由此可见，戴震对之的训释，返朴归真，还之客观事实的本来面目，千年神学化笼罩的雾障被之一扫，真是经学的一大解放，更是其考据精准、"毫厘不可有差"的典型例证。

再如，戴震批评顾炎武在《音学五书》之《诗本音》《易音》中拟订一种"正音"（标准音），把战国以前的古音"强而齐之"，指出这是顾炎武不懂"列国之音，即各为正音"，违反了列国方言不一的客观事实，"不可强而齐之也"④。戴震对顾炎武的批判，显示出戴震治考据学所注重的唯物主义精神。文献考据学的唯物主义精神，也就是注重文献所载内容的客观性。唯物主义认为事物的规律是客观的、普遍的、必然的，文献所载要符合当时、当地的客观规律。精准的文献考据自然而然地就要求考证必须注重事物的客观规律性，唯有此，考证的结果才符合客观事实。正是由于戴震在文献考据实践中追求精准（精确），其诸多成果也确实"毫厘不可有差"，这恰如段玉裁在《戴东原先生年谱》中对戴震文献校勘工作的评价："先生所校官书，皆天文、算法、地理、水经、小学、方言诸书，皆必精心推核，失之毫厘则谬以千里者。"⑤

戴震"学贵于精"的主张还体现在治学的精微、精细，即在考证时运用"巨细毕究"⑥的文献考证方法，注重考订古书的细节，从而解决了许许多多具体细微的问题。现仅举三例如下：

① 杨应芹,诸伟奇.戴震全书:第1册[M].合肥:黄山书社,2010:15.
② 杨应芹,诸伟奇.戴震全书:第1册[M].合肥:黄山书社,2010:17.
③ 杨应芹,诸伟奇.戴震全书:第1册[M].合肥:黄山书社,2010:17.
④ 杨应芹,诸伟奇.戴震全书:第3册[M].合肥:黄山书社,2010:320.
⑤ 杨应芹,诸伟奇.戴震全书:第7册[M].合肥:黄山书社,2010:172.
⑥ 杨应芹,诸伟奇.戴震全书:第6册[M].合肥:黄山书社,2010:370.

朱彝尊在重刊的宋本《广韵》中作叙称"周颙以'天、子、圣、哲'分四声",戴震指出"周颙"是"周舍"之误:"而叙端言周颙以'天、子、圣、哲'分四声,则已误举周舍对梁武帝语归之颙。"①今查《梁书·沈约传》(中华书局1973年版,第243页),果然是周舍曰:"天、子、圣、哲"云云,而周颙是周舍的父亲。

《尚书·周书·吕刑》中的"锾"和《周礼·考工记·弓人》中的"铪",都是古代的重量单位,各自代表不同的重量。但因篆书中这两个字近似,容易混淆,所以在许多古书注疏和工具书中,都误以"锾"同"铪"。为了考辨出两者的不同,戴震撰写了《辨〈尚书〉〈考工记〉锾、铪二字》一文,曰:"'锾''铪',篆体易讹,说者合为一,恐未然也。'锾'读如丸,十一铢二十五分铢之十三。'垸',其假借字也。'铪'读如刷,六两大半两。'率''选''馔',其假借字也。二十五锾而成十二两,三铪而成二十两。《吕刑》之'铪'当为'锾',故《史记》作'率',《汉书》作'选',伏生《大传》作'馔'。《弓人》'胶三铪',当为'锾'。一弓之胶,三十四铢二十五分铢之十四。贾逵说'俗儒以铪重六两',此俗儒相传讹失,不能核实,脱去大半两言之。《说文》云'北方以二十两为铪',正合三铪,盖脱去三字。"②由此文可知,二十五锾等于十二两,三铪等于二十两,则一锾等于一百二十五分之九铪,一单位铪的重量远远大于一单位锾的重量。而《尚书·周书·吕刑》《史记》《汉书》《尚书大传》《周礼·考工记·弓人》中皆有错误,就连贾逵、许慎这样的大经学家对此也有误说。戴震对这两个字精微细致地考辨,使我们清楚了两者的区别,从而大大有助于我们正确理解古籍和经济史料中有关重量的记载。

戴震校《诗经》中"谇"字讹作"讯"字(《诗经·陈风·墓门》中"歌以讯之"句,"讯"为"谇"之误)时,他在《论韵书中字义答秦尚书》一文中说道:"其或异字异音,绝不相通,而传写致讹,混淆莫辨。如:……《陈风》'歌以讯之',与'萃'为韵;《小雅》'莫肯用讯'与'退''遂''瘁'为韵,而《释文》以音'信'为正,不知皆'谇'字之讹也。'谇',告;'讯',问。'谇'音'粹','讯'音'信'。《广韵·二十一震》'讯'字下云:'问也,告也。'不知'告'之义属'谇',不属

---

① 杨应芹,诸伟奇.戴震全书:第3册[M].合肥:黄山书社,2010:333.

② 杨应芹,诸伟奇.戴震全书:第6册[M].合肥:黄山书社,2010:279.

'讯'，入六至不入二十一震也。《释文》于《尔雅》既作'誶，告也'，引沈音'粹'、郭音'碎'，幸而未讹也；又云：本作'讯'，音'信'，是直不辨'誶''讯'之为二字。今《尔雅注疏》本'誶'字亦与《诗》同讹，而王逸注《楚辞》引《诗》'誶予不顾'，《后汉书·张衡传》注引《尔雅》'誶，告也'，《广韵·六至》'誶'字下引《诗》'歌以誶止'，然则此句'止'字与上句'止'字相应，为语辞。凡古人之诗，韵在句中者，韵下用字，不得或异。《三百篇》惟'不可休思'，'思'讹作'息'，与此处'止'讹作'之'，失诗句用韵之通例，得此正之，尤稽古所宜详核。"①在这里，戴震为了校《诗经》中的一个讹字，不仅将《诗经》中"誶""讯"二字出现的情况通通检索了一遍，而且将与之相关的所有训诂文献，包括《经典释文》《广韵》《尔雅》《楚辞》王逸注、《后汉书·张衡传》注等都精细地去做了一一考察，然后对正确的肯定之，对错误的否定之，于精微之处彰显精确考证。由此可见，戴震对古文献的考据，已达到"深求之语言之间，以至其精微之所存"②的程度。

戴震治考据学不仅追求精准、精细，而且在此基础上，更上一层楼，追求精益求精。戴震的学生段玉裁在《答程易田丈书》一文中曾这样写道："师尝闻作文之诀于方氏文辀曰：'善做不如善改，善改不如善删。'故师作文，不厌改删。"③乾隆十五年（1750），淳安人方文辀在徽州府紫阳书院当主讲，其间戴震曾从之问学，虽然时间短暂，然而戴震却学到了这条终身受益的著文秘诀。在著述作文时，戴震确实遵循文章"善做不如善改，善改不如善删"的原则，不厌改删，以达精益求精的功效。他的许多论文、著作，就是在初稿的基础上，一而再、再而三地不断改删才最后定稿的。而戴震的著述、文章在经过一遍遍的修改、增删之后，的确变得更精炼、更畅通、更严密了。如《水地记》初稿，孔继涵曾与戴震谈及它，戴震认为它"是草稿者，不足存也"④，言下之意，他要继续修改，可惜五日之后他却去世了。北京大学图书馆今存有《水地记》的手稿残卷，其中有两份皆为"河出昆仑之虚"章，其内容基本相同，而文字出入

25

① 杨应芹,诸伟奇.戴震全书:第3册[M].合肥:黄山书社,2010:339-340.
② 杨应芹,诸伟奇.戴震全书:第6册[M].合肥:黄山书社,2010:379.
③ 杨应芹,诸伟奇.戴震全书:第7册[M].合肥:黄山书社,2010:204.
④ 杨应芹,诸伟奇.戴震全书:第7册[M].合肥:黄山书社,2010:264.

很大，与孔继涵所存家抄本的文字出入亦相去甚远，很明显，这两份残卷是孔家抄本初稿之前的一稿、二稿，可见《水地记·河水》在初稿阶段就"至少是三易其稿"①了。

再如《诗补传》，初稿在1750年左右已经粗就，可戴震认为它"尚俟改正，未可遽进"②。三年后，戴震对它进行了修改，可他仍视其为"未成"，故"别录书内辨证成一帙"③，这一帙就是《毛郑诗考正》。此后，戴震继续修改《诗补传》，至1766年只完成了其中的《周南》《召南》两卷，此两卷即是《杲溪诗经补注》，它在文字考订、典制辨证、语词释义、篇旨探索乃至行文修辞等方面都比《诗补传》更加完善、精美。对戴震的这种考辨问题力求精益求精的原则，钱大昕曾赞曰："其学长于考辨。每立一义，初若创获，及参互考之，果不可易。"④

四、依据条理，合理按断

戴震之学，精确严谨、特重条理。其所著书，驳误、证明、引据，皆条分缕析，略无缺漏，故能使学者涣然冰释，怡然理顺。戴震说过："总须体会《孟子》'条理'二字，务要得其条理，由合而分，由分而合，则无不可为。"⑤可知戴震行为做事十分注重探求事物内在的条理、规则、规律。事实上，戴震自幼读书时，便力求"得其条理"，一次塾师教读《诗经·秦风·小戎》篇，同学发现戴震伏在桌子上专心致志地画画，于是报告了老师，老师一看图画，大为惊喜，原来他画的是根据对诗文的理解而表现其内容结构的《小戎图》，其细致和完整，一般学童根本画不出来。

幼时读书必求甚解即"得其条理"的好习惯，也贯彻在戴震的学术考证活动中。戴震曾说："仆闻事于经学，盖有三难：淹博难，识断难，精审难。三者，仆诚不足与于其间，其私自持，暨为书之大概，端在乎是。"⑥用今天的话来说，"淹博"就是充分地占有材料，"识断"就是具有

---

① 杨应芹,诸伟奇.戴震全书:第4册[M].合肥:黄山书社,2010:76.
② 杨应芹,诸伟奇.戴震全书:第6册[M].合肥:黄山书社,2010:368.
③ 杨应芹,诸伟奇.戴震全书:第6册[M].合肥:黄山书社,2010:377.
④ 杨应芹,诸伟奇.戴震全书:第7册[M].合肥:黄山书社,2010:17.
⑤ 杨应芹,诸伟奇.戴震全书:第7册[M].合肥:黄山书社,2010:187.
⑥ 杨应芹,诸伟奇.戴震全书:第6册[M].合肥:黄山书社,2010:369.

正确的观点，"精审"就是掌握科学的方法并善于分析、辨别材料以归纳其条理、条例，形成结论。戴震治经时强调"贯本末、彻粗精"："凡学未至贯本末，彻精粗，徒以意衡量，就令载籍极博，犹所谓'思而不学则殆'也。"①这句话的意思，说的就是对材料要全面考察，要对客观事物做系统地研究，否则就很难真实地反映客观对象的本来面目而"得其条理"。戴震十分赞赏阎若璩读书能识其条理："阎百诗善读书，百诗读一句书，能识其正面、背面。"②

　　在充分占有、理解材料基础上，戴震又主张进行合理按断、判断、推断的重要性。他提出治经要"但宜推求，勿为株守"的方法："仆情僻识狭，以谓信古而愚，愈于不知而作，但宜推求，勿为株守。"③戴震所谓推求就是合理的按断、判断、推断，此方法近乎于现代研究方法的归纳与演绎法，它是戴震在治文献考证学时，运用的较多的方法之一。当然，按断、判断、推断不是凭空地臆测，而是依据行文惯例、语法结构、背景知识等等，进行合理的、合乎逻辑的按断、判断、推断。

　　在戴震的著述中，当使用"殆""盖"等语气词时，即是对某一问题进行的按断、判断、推断。例如，他从秦代焚书造成大量古籍损毁的历史背景出发，推断了《尔雅》成书的时代："然或义具《尔雅》而不得其经，殆《尔雅》之作，其时六经未残阙欤？"④此即可能在《尔雅》编撰时，六经还未遭大量损毁，因而广泛收罗了他义，那只能说是在秦代以前。现代学者已经从《尔雅》中有关的天象记录和地下出土文物，推断出《尔雅》成书于战国末期，从而证实了"戴震对《尔雅》成书时代推断的合理性"⑤。

　　再如，戴震从古人的行文体例出发，断定《孟子》"必有事焉而勿正，心勿忘，勿助长也"中的"正心"两字是"忘"字之误："'正心'二字，不可强为之说。依吾语，'正心'二字，便是'忘'字离为二字，而'亡'讹'正'，乃字之误也。'必有事焉而勿忘'下，复举勿忘者，古

27

---

①杨应芹,诸伟奇.戴震全书:第6册[M].合肥:黄山书社,2010:367.
②杨应芹,诸伟奇.戴震全书:第7册[M].合肥:黄山书社,2010:187.
③杨应芹,诸伟奇.戴震全书:第6册[M].合肥:黄山书社,2010:276.
④杨应芹,诸伟奇.戴震全书:第6册[M].合肥:黄山书社,2010:274.
⑤李开.戴震评传[M].南京:南京大学出版社,1992:290.

第一章　戴震的文献学理论

人每多此文法。"①段玉裁完全赞同戴震的这一推断，并举例证明了戴震推断的合理性："此确不可易。既勿忘矣，又须勿助长，忘与助长二弊，各有所偏，不忘则又虑其助长，故顿跌言之，谓虽勿忘，却又不可助长也。如《诗》云'江有汜，不我以'矣，必再言'不我以'，而后可言'其后也悔'，谓始虽如此，而终不如此也。凡《诗》之复句，多此文法。"②

在《绪言》中，戴震运用词法知识，依据术语解释逻辑推证了《易传》的道器论，批判了以朱熹为代表的宋儒阴阳之气以外再生理念之说，这是戴震合理按断的又一典型类证："《易》曰：'一阴一阳之谓道……形而上者谓之道，形而下者谓之器。'……朱子云：'阴阳，气也，形而下者也；所以一阴一阳者，理也，形而上者也，道即理之名也。'"③

对此，戴震指出："古人言辞，'之谓''谓之'有异：凡曰'之谓'，以上所称解下……《易》'一阴一阳之谓道'，则为天道言之，若曰道也者一阴一阳之谓也。凡曰'谓之'者，以下所称解上……《易》'形而上者谓之道，形而下者谓之器'，亦非为道、器言之，以道、器区别其形而上、形而下耳。形，谓已成形质；形而上犹曰形以前，形而下犹曰形以后……"④

戴震的推断是符合逻辑的。因为"之谓"是以上所称解释下的，如说"A之谓B"，是用A释B，B是解释对象；"谓之"是以下所称解释上的，如说"A谓之B"，是用B释A，A是解释对象。"形而上者谓之道，形而下者谓之器"，并不是解释道和器，而是以道和器的区别来解释和区分形而上和形而下，因而不能在形而上的范围内徒生一个"理"来解释"道"，朱熹的注解显然违背了上古哲学解释的术语含义和逻辑，戴震的考订才解释出了《易经》的原旨原义。

合理按断应用在文献校勘学上，就是"理校法"。清儒中，戴震最早提倡理校。理校指在没有足够资料可供比勘时，运用分析、综合等手段，从本书各篇所用的语法、字法或全书文例来考察，或细观一段中前后文义，或考察史料记载是否符合实际道理，从而发现出今本讹误之处，再以

① 杨应芹,诸伟奇. 戴震全书:第7册[M]. 合肥:黄山书社,2010:187.

② 杨应芹,诸伟奇. 戴震全书:第7册[M]. 合肥:黄山书社,2010:187.

③ 杨应芹,诸伟奇. 戴震全书:第6册[M]. 合肥:黄山书社,2010:83.

④ 杨应芹,诸伟奇. 戴震全书:第6册[M]. 合肥:黄山书社,2010:83-84.

合理的推断来改正之。如《大戴礼记·制言》篇中有"《诗》云行有死人，尚或墐之"一句，戴震从此句不合《诗经》行文语法出发，判断它是注文而不是经文："此十字亦注文，故不注某诗之几章。正文语势亦显然不可引《诗》横隔。"①而戴震所校定的《水经注》，则是用勾稽和发现原书体例并利用原书的体例进行理校的著名例子："审其义例，按之地望，兼以各本参差，是书所由致谬之故，昭然可举而正之。"②"审其义例"就是根据原书体例校勘，"按之地望"就是根据客观实际校勘，两者均是"理校法"，它是戴震治文献校勘学的主要校勘方法。

五、综合研究，旁通互证

戴震研究、整理古籍，以"经书"为主，从考据入手。他认为，古籍整理与研究是一个系统工程，应具备多方面的知识，非博学者不能考据，不但要具备文字、音韵、训诂、名物、制度等方面的知识，而且对天文、地理、历算、律吕等知识也应有所知晓，只有把各方面的知识乃至西方传入的科学知识综合起来，旁通互证，才能达到明经的目的，此即他所说的："由六书、九数、制度、名物，能通乎其词，然后以心相遇。"③而他在《与是仲明论学书》中，更是详尽地论述了这个问题，他说："至若经之难明，尚有若干事。诵《尧典》数行至'乃命羲和'，不知恒星七政所以运行，则掩卷不能卒业。诵《周南》《召南》，自《关雎》而往，不知古音，徒强以协韵，则龃龉失读。诵古《礼经》，先《士冠礼》，不知古者宫室、衣服等制，则迷于其方，莫辨其用。不知古今地名沿革，则《禹贡》职方失其处所。不知少广、旁要，则《考工》之器不能因文而推其制。不知鸟兽、虫鱼、草木之状类名号，则比兴之意乖。而字学、故训、音声未始相离，声与音又经纬衡从宜辨……中土测天用句股，今西人易名三角、八线，其三角即句股，八线即缀术。然而三角之法穷，必以句股御之，用知句股者，法之尽备，名之至当也……凡经之难明右若干事，儒者不宜忽置不讲。仆欲究其本始，为之又十年，渐于经有所会通，然后知圣人之

29

第一章 戴震的文献学理论

① 杨应芹,诸伟奇.戴震全书:第6册[M].合肥:黄山书社,2010:285.

② 杨应芹,诸伟奇.戴震全书:第6册[M].合肥:黄山书社,2010:322.

③ 杨应芹,诸伟奇.戴震全书:第6册[M].合肥:黄山书社,2010:405.

道。"①此处，戴震就提出对各种专业知识乃至中法、西法要相互对照、互证，才能"于经有所会通"。

"会通"也就是博涉、综贯之学，是我国传统读书治学之法。博涉是指治多门学科或博览各种相关材料，进而达到综贯；综贯就是在博涉的基础上融合各学科知识和相关材料，求其条理通贯。清初顾炎武就要求学者要博学于文。乾嘉学者更是以博学为先，戴震则是典型代表。非博学者不能考据，这是有着普遍指导意义的，因为考据学涉及文字、音韵、训诂、天算、地理、名物、典制、乐律、金石、职官以及目录、版本、校勘、辨伪、辑佚等学，它们之间相互关联，交叉运用，没有博学多识，则很难达到目的。梁启超在《清代学术概论》里说："戴、段、二王之学，其所以特异于惠派者：惠派之治经也，如不通欧语之人读欧书，视译人为神圣，汉儒则其译人也，故信凭之不敢有所出入；戴派不然，对于译人不轻信焉，必求原文之正确然后即安。惠派所得，则断章零句，援古正后而已。戴派每发明一义例，则通诸群书而皆得其读。"②所谓发明义例，通诸群书，就是通览群书后归纳出带有普遍性的法则，而要做到这一点，非"综合研究，旁通互证"不可。

通过运用综合研究、旁通互证法，戴震辨明了"璇玑玉衡"的概念：《周髀算经》中有"北极璇玑周四极"一句，《尚书·舜典》中有"在璇玑玉衡以齐七政"一句。除"七政"被人共认为是日月五星外，"璇玑玉衡"的概念自汉代以来误说很多，如《尚书·虞夏书》之"璇玑"注："徒以为可旋转曰'玑'，不得其本象。"③戴震以其丰富的多种专业知识以及对古籍的深刻理解，综合西方传入的天文学知识，对这一概念作了简明清楚的阐释。他说："今人所谓赤道极者，即《鲁论》之北辰，《周髀》之正北极也，又曰北极枢。今人所谓黄道极者，即《周髀》之北极璇玑也。《虞夏书》'在璇玑玉衡以齐七政'，盖设璇玑以拟黄道极。后失其传，纷纭殊说，私臆罔据矣……"④

文中的"今人"指西方传教士，他们带来了天文学中的"黄极""赤

---

① 杨应芹,诸伟奇.戴震全书:第6册[M].合肥:黄山书社,2010:369.

② 梁启超.清代学术概论[M].上海:上海古籍出版社,1998:43.

③ 杨应芹,诸伟奇.戴震全书:第2册[M].合肥:黄山书社,2010:228.

④ 杨应芹,诸伟奇.戴震全书:第6册[M].合肥:黄山书社,2010:313.

极"等概念。戴震指出赤极就是北辰（北极星），黄极就是北斗星，也就是《周髀》和《舜典》中的"北极璇玑"。接着他又说："正北极者，左旋之枢，北极璇玑每昼夜绕之而成规。"①这句话就是说，从地球上人的视觉看，北斗星每昼夜绕北极星像圆规一样行走一周，即《周髀》中所说的东南西北"四游"。这种解释既说通了《周髀》和《尚书》中的疑难字句，同时也完全符合地球自转时所见到的天体现象。

《屈原赋·天问》中有"何所冬暖？何所夏寒？"对地球上冬寒夏暑变化的原因，旧注几乎没能正确回答，戴震以古代天文学知识注《天问》，曰："日发敛于赤道外内四十余度之间，《虞夏书》以璇玑玉衡写天，遗制犹见于《周髀》。赤道者，中衡也。日自北发南，冬至当外衡；自南敛北，夏至当内衡；春秋分当中衡；中土在内衡之下已北，其外衡之下已南，寒暑与中土互易。中衡之下，两暑而无寒，暑渐退如春秋分，乃复。南北极下，凝阴常寒矣。《周髀》谓北极左右，夏有不释之冰；中衡左右，冬有不死之草。举其概云耳。地为大气所举，日之正照，气直下行，故暑。非正照之方，气不易到，则寒。寒暑之候，因地而殊，固其宜也。"②文中赤道指天球赤道。他以《周髀》来注《天问》，说明寒暑不同原因，其实是将《天问》中所提冬寒夏暑变化的问题化作天体自身的运动问题来解释其根源，具有创造性。

戴震对一切天文、历算、推步之法，测望之方，宫室、衣服的制度规格，鸟兽、虫鱼、草木的名称与形状，音和声韵古今的不同，山川、疆域、州郡的沿革，开方、勾股的比例，钟实、管律之术等，都进行过综合地研讨与探索，从而在对典籍进行考证时能够做到旁通互证，融会贯通。如《考工记图》是他运用古代科技知识注解《考工记》的杰出成果，《水地记》是他将研究天文学的方法移用于地理沿革的推求，从而显现了他在地理考证方面的独创之见。戴震综合研究，旁通互证的方法，由此可窥一斑。

戴震在研究文献时采用的旁通互证法，还体现在互通、互用、互证上，即此处的研究成果运用于、证明于彼处，如戴震研究《毛诗》的一些成果、心得也运用在《屈原赋注》中，仅举一例如下："冯翼"条，《屈原

第一章　戴震的文献学理论

---

① 杨应芹,诸伟奇.戴震全书:第6册[M].合肥:黄山书社,2010:313.
② 杨应芹,诸伟奇.戴震全书:第3册[M].合肥:黄山书社,2010:652.

赋注·天问》有"冯翼惟象,何以识之?"戴震云:"冯,满也。翼之言盛也,谓气化充满盛作。"①检索《屈原赋注·音义》卷中云:"冯翼,《淮南·天文训》:'天坠未形,冯冯翼翼,洞洞浊浊。'《注》云:'冯翼、洞浊,无形之貌。'惟象,《淮南·精神训》:'古未有天地之初,惟像无形。'"②查此条实际上本是戴震《毛郑诗考正》卷三之"有冯有翼"条:"《传》:'道可冯依以为辅翼。'《笺》云:'冯,冯几也。翼,助也。'震按:冯,满也,谓忠诚满于内。翼之言盛也,谓威仪盛于外。'冯''翼'二字,古人多连举。屈原赋之'冯翼惟象',《淮南鸿烈》之'冯冯翼翼',皆指气化充满盛作,然后有形与物。"③

再如,戴震至迟在乾隆二十年(1755)就开始正式研究《方言》了,至《屈原赋注》最终定版刊刻(乾隆二十五年冬)时,已达五年,这时戴震对《方言》的研究已经相当深入,从而在《屈原赋注》中,戴震有十五次引证了《方言》的研究成果,分别见于对诼、轪、姣、桡、襟、超、巧、僭、轸、怛、篗、眃、娃、貌、晔等字的注释中。《屈原赋注·音义》中,融入戴震研究心得、见之于《方言疏证》的词条,也有躔逡、皮傅、纫、贪婪、僭、冯、蓑、阁闟、柤、雅、儇、眙、秦有等条。如《屈原赋注·音义》卷中云:"躔逡,《方言》云:'日运为躔,月运为逡。'"④而戴震的天文学方面的文章如《璇玑玉衡》《中星》《迎日推策记》等,经常有"日躔""月逡"这样的词,而这两词本是出自《方言》。查戴震《方言疏证》卷十二有"躔、逡,循也"条,戴震作按语注释道:"《尔雅·释兽》'其迹躔',《释文》引《方言》:'躔,循也。'《广雅》:'躔、逡,循也。'义本此。注内'逡巡'当作'音逡巡之逡'。"⑤由此可见,它们是戴震研究《方言》时所得,到后面补充、修订《屈原赋注·音义》时而加以使用的。

另有"皮傅"一词,《屈原赋注·音义》卷上云:"皮傅,《方言》云:'皮傅,强也。秦、晋言非其事谓之皮傅。'《后汉书·张衡传》:'后

---

①杨应芹,诸伟奇.戴震全书:第3册[M].合肥:黄山书社,2010:647.

②杨应芹,诸伟奇.戴震全书:第3册[M].合肥:黄山书社,2010:757.

③杨应芹,诸伟奇.戴震全书:第1册[M].合肥:黄山书社,2010:651.

④杨应芹,诸伟奇.戴震全书:第3册[M].合肥:黄山书社,2010:759.

⑤杨应芹,诸伟奇.戴震全书:第3册[M].合肥:黄山书社,2010:187.

人皮傅'，注云：'傅，音附。谓不深得其情核，皮肤浅近，强相附会也。'"①我们再查《方言疏证》卷七，有"皮傅"条，戴震对之作案语注曰："《后汉书·张衡传》'后人皮傅'，注云：'扬雄《方言》曰："秦、晋言非其事谓之皮傅。"谓不深得其情核，皮肤浅近，强相附会也。后人不达皮傅之意，流俗本多作"颇传"者，误也。'"②可见，两处对"皮傅"一词的注解基本上一致，确是互通、互用、互证。

六、兼收并蓄，持之以恒

戴震考据典籍，反对以孤证作为立论的基础，认为一己之见的例证必然导致迷误："缘词生训，偏举一隅，惑滋多于是矣。"③由此，他主张要广泛听取别人的建议，兼收并蓄其他学者的成果来考据某一问题。

乾隆二十年（1755）夏，戴震寄居在纪昀家中，学术上极愿听取纪昀的意见。如他在乾隆十七年（1752）撰成《屈原赋注》，其中注《离骚》的"恐美人之迟莫"一句时，因汉代王逸和宋代洪迈、朱熹皆以"美人"指楚怀王，以致使上下文难以通顺。戴震在《屈原赋注》中引纪昀曰："纪编修晓岚曰：'美人以谓盛壮之年耳'"④，明确指出"美人"是屈原本人，从而贯通了上下文。戴震引用纪昀此说，应是《屈原赋注》撰成后的第三年，即寄居在纪昀家后听纪氏之说而后补上去的。再如《考工记图》，初本有图有说但没注，后来戴震听从纪昀的建议而"删取先、后郑《注》，而自定其说以为补注"⑤。

在许多问题上，戴震继承、吸取了其师江永的成果。《考工记图》中关于黄钟管长，取江永的《律吕阐微》之说，为四寸五分；《声韵考》及阴阳入通转理论，则继承了江永古音学精于审音的特点；《深衣解》所做的对深衣的考释与江永相同。不少地方则直接引用江永的结论，如《屈原赋注·音义下》的"过失"条，就直接吸收了江永的《古韵标准》的成

33

①杨应芹,诸伟奇.戴震全书:第3册[M].合肥:黄山书社,2010:715.
②杨应芹,诸伟奇.戴震全书:第3册[M].合肥:黄山书社,2010:118.
③杨应芹,诸伟奇.戴震全书:第1册[M].合肥:黄山书社,2010:648-649.
④杨应芹,诸伟奇.戴震全书:第3册[M].合肥:黄山书社,2010:616.
⑤杨应芹,诸伟奇.戴震全书:第7册[M].合肥:黄山书社,2010:239.

果："'地'与'失'去、入为韵。或作'失过'者，非。"①

段玉裁是戴震的学生，然弟子不必不如师，其古韵分部结论早于师出。戴震的古音学著作《声类表》成书于段玉裁的《六书音均表》之后。戴震关于古韵分部的某些地方，如支、之、脂三分，采用了段玉裁的研究成果；戴震的古韵二十五部分类，是改定段玉裁的十七部而成的。对段玉裁的高见、卓识之处，戴震是极为肯定、推崇的。他在《答段若膺论韵》一文中说道："顾氏于古音有草创之功，江君与足下皆因而加密。顾改侯从虞，江改虞从侯，此江优于顾处；顾药、铎有别，而江不分，此顾优于江处。其郑为六，顾为十，江为十三，江补顾之不逮，用心勤矣。此其得者，宜引顾、江之说，述而不作。至支、脂、之有别，此足下卓识，可以千古矣。"②戴震还亲自为段玉裁的《六书音均表》作序，序中盛赞段玉裁学问精深、见识卓越："余闻而伟其所学之精，好古有灼见卓识。"③戴震盛赞段玉裁并吸收其有益成果来完善己说，足见戴震谦虚低调的做人姿态和兼收并蓄的治学方法。

戴震撰《考工记图》时，在大量引用治经名家解经见解的同时，也十分重视师友在共同讨论《考工记》时的合理见解。戴震在文中引用了江永的"见解六条、图一幅"，郑牧的"见解八条"，方希原的"见解两条"；在京师修订《考工记图》准备交由纪昀刊刻时，又采用了当时在京的年轻学者姚鼐的"见解一条"④。

戴震还主动向别人请教。他在1773年入京之前，就已校定了《水经注》一卷。一到北京后，他就把所校的《水经注》拿出来向别人征求意见："入都即以示纪文达（纪昀），钱晓征（钱大昕），姚姬传（姚鼐）及玉裁不过四五人。钱、姚皆录于读本，玉裁亦以明人黄省曾刊本，依仿以朱（红笔）分勒，自此传于四方矣。"⑤在四库馆中，戴震广泛听取其他馆臣的意见，并引录赵一清的《水经注释》和《水经注笺刊误》中的一些成果，经馆臣们集体努力，于1774年最后校订了《水经注》。洪榜在《戴先

① 杨应芹,诸伟奇.戴震全书:第3册[M].合肥:黄山书社,2010:795.

② 杨应芹,诸伟奇.戴震全书:第3册[M].合肥:黄山书社,2010:361-362.

③ 杨应芹,诸伟奇.戴震全书:第6册[M].合肥:黄山书社,2010:381.

④ 方利山.析戴震《考工记图》之"奇"[M]//中国科技典籍研究——第一届中国科技典籍国际会议论文集.郑州:大象出版社,1998:27.

⑤ 杨应芹,诸伟奇.戴震全书:第7册[M].合肥:黄山书社,2010:167-168.

生行状》中对此记述道："先生治是书将卒业，会朝廷开四库全书馆，奉召与为纂修。先生于《永乐大典》散篇内，因得见郦氏《自序》，又获增益数事。馆臣即以是属校正，上其书，诏允刊行焉。"①

可见，戴震在治文献考据学时，主张兼收并蓄、诸说并存，择善而从；诸说无定，则异文互存或存疑以待后人。这既是求实的态度，也是科学的精神。

戴震学术上卓越成就的取得，还与他不畏困难、坚守持之以恒的治学毅力分不开。他曾说："守一说之确者，终身不易乃是。"②戴震又主张为学要老而不倦："夫儒者于平生之遇，率目为适然，独孜孜不怠，以学自怡，竟老而不倦。"③戴震如此说的，更是如此做的，其一生的治文献考据之学及其丰硕的文献学理论与实践成果，显示出其治学是个知难不退、持之以恒的长期过程。

戴震出身于一个普通的商人家庭，十几岁时曾随父亲在江西、福建、南京等地经商。在外颠沛流离之际，他不忘学习，学识日有进步，二十几岁便写出《策算》《六书论》《考工记图》《转语二十章》《尔雅文字考》等著作，学术上取得令人瞩目的成就。而他的经济状况却日益恶化，但经济状况的恶化没能阻止他的治学之路。洪榜在《戴先生行状》中记载了此情况："先生学日进而遇日益穷，年近三十乃补县学生。用是绝志举子业，覃思著述，家屡空而励志愈专。"④

乾隆十七年（1752）戴震二十九岁这年，休宁大旱，"斗米千钱"。戴震家中缺食，只好每天去面铺讨取一些麦麸充饥，但就是在此艰难环境下，他"闭户成《屈原赋注》"⑤。乾隆三十八年（1773），戴震奉召入京充四库馆纂修官，其时他手头十分拮据，生计部分靠借贷维持，他在写给段玉裁的信中说："仆此行不可谓非幸邀，然两年中无分文以给旦夕。曩得自由，尚内顾不暇，今益以在都费用，不知何以堪之。"⑥生计维艰的他，在京城却做出了不朽的成就：校定《水经注》及其他多部古书；辑佚

---

① 杨应芹,诸伟奇.戴震全书:第7册[M].合肥:黄山书社,2010:10-11.

② 杨应芹,诸伟奇.戴震全书:第7册[M].合肥:黄山书社,2010:188.

③ 杨应芹,诸伟奇.戴震全书:第6册[M].合肥:黄山书社,2010:393.

④ 杨应芹,诸伟奇.戴震全书:第7册[M].合肥:黄山书社,2010:9.

⑤ 杨应芹,诸伟奇.戴震全书:第7册[M].合肥:黄山书社,2010:142.

⑥ 杨应芹,诸伟奇.戴震全书:第6册[M].合肥:黄山书社,2010:529.

出《周髀算经》《九章算术》等十几部古籍；继续其宏大的著书计划——撰写关于《诗》《书》《礼》《易》《春秋》《论语》《孟子》的《七经小记》。戴震同学金榜曾向戴震问及此事："岁不我与，一人有几多精神？"戴震回答道："当世岂无助我者乎？"①足见戴震不畏困难的勇气及持之以恒的信念。

关于这一点，戴震的同乡洪榜曾回忆说："先生日夜孳孳，搜集比勘，凡天文、历算、推步之法，测望之方，宫室衣服之制，鸟兽、虫鱼、草木之名状，音和、声限古今之殊，山川、疆域、州镇、郡县相沿改革之由，少广旁要之率，钟实、管律之术，靡不悉心讨索，知不可以雷同剿说，瞻涉皮傅。因悟圣人之道，如绳之悬，如臬之树，苟差之毫厘，则谬以千里。其学弥博而探指弥约，其资愈敏而持力愈坚，年二十余而五经立矣。"②戴震一生贫困，然从未放松过对学问的执着追求："先生学日进而遇日益穷"，然"家屡空而励志愈专"③。

正因为戴震勤苦治学而不畏艰难、持之以恒，其学业才有如此之深的造诣。例如他在音韵学方面取得的高深造诣，就是他持之以恒、终身不懈地勤勉治学而结出的硕果之一。按时间先后顺序列举戴震对音韵学的研究，我们可以看出，戴震一生都在持之以恒地探求音韵学，尤其是古音学。

戴震自少时就开始研究《广韵》，他在《书卢侍讲所藏旧本广韵后》一文中说道："余少时得顾宁人氏所校刻《广韵》。后又于友人处见大版《广韵》，与顾刻无异，殆即顾君所据之书也。"④

乾隆十年（1745，时戴震二十二岁），戴震撰成《六书论》三卷（今已亡佚），书中批评南唐徐锴轻视谐声，批评他的视转声为转注的误说，而主张转注就是互训，可见戴震此时已对音韵学初有建树。

乾隆十二年（1747），戴震著成《转语二十章》，此书今已亡佚，仅存《转语二十章》的自序。序中戴震说："昔人既作《尔雅》《方言》《释名》，余以谓犹阙一卷书，创为是篇，用补其阙，俾疑于义者以声求之，

---

① 杨应芹,诸伟奇.戴震全书:第7册[M].合肥:黄山书社,2010:179.

② 杨应芹,诸伟奇.戴震全书:第7册[M].合肥:黄山书社,2010:7.

③ 杨应芹,诸伟奇.戴震全书:第7册[M].合肥:黄山书社,2010:9.

④ 杨应芹,诸伟奇.戴震全书:第3册[M].合肥:黄山书社,2010:333.

疑于声者以义正之。"①由此可见，此书是戴震对上古声母系统的研究以及根据义附于音原则而探求的由声音求训诂（即声训、音训）之书。这显示出戴震对声韵已有了一定的认识。

此后，随着戴震对《毛诗》研究的深入，戴震注意到了研究古音的重要性，如他在乾隆十八年（1753）所写的《与是仲明论学书》中说："诵《周南》《召南》，自《关雎》而往，不知古音，徒强以协韵，则龃龉失读。"②此间，在乾隆十七年（1752），戴震考证古音的著作之一《屈原赋注·音义》三卷撰成，至乾隆二十五年（1760），《屈原赋注·音义》最后修订完毕而付之刊刻。

戴震的《读淮南子洪保》作于乾隆二十一年（1756），文中显示出戴震对前人的古音学说尤其是顾炎武的古音学已有初步的研究。

乾隆二十八年（1763）至乾隆三十八年（1773）间，戴震撰写了音韵学论文共十六篇，大多数是研究《广韵》以及和《广韵》相关诸韵书的文章，后将它们分为四卷辑录成书，此即《声韵考》。

乾隆三十八年（1773）春，戴震在主讲金华书院时，寓居浙东，研究顾炎武的《诗本音》，辨析章句，讽诵经文，补充顾氏不足部分，并分古韵为七类。

乾隆四十二年（1777），戴震最终完成了他的音韵学巨著《声类表》九卷，此书为他著书之绝笔。可见，戴震对音韵学的研究一直持续到生命的最后。

戴震没日没夜地做学问，以致视力大减，曾屡换眼镜，最后卖眼镜者惊叹："此老光之最者，过此无可换矣。"③过度著书立说使戴震的身体很快累垮，但他卧病在床时仍继续著书，临终前十几日，还写出了其绝笔之作——《声类表》九卷。这种"春蚕到死丝方尽，蜡炬成灰泪始干"的治学精神，实在令人叹服，值得今人学习。

① 杨应芹,诸伟奇.戴震全书:第6册[M].合肥:黄山书社,2010:303.
② 杨应芹,诸伟奇.戴震全书:第6册[M].合肥:黄山书社,2010:369.
③ 杨应芹,诸伟奇.戴震全书:第7册[M].合肥:黄山书社,2010:179.

# 第二章　戴震对古籍的校勘、辑佚与辨伪

## 第一节　戴震对古籍的校勘

中国的古籍是通过抄写、刻板或排版印刷来传播的，古书在流传中，会发生被后人割裂而面目全非，正文与注文相互混淆，文字在校刻时抄错、刻错等情况；同一个文本经过不同的抄写、刻印，往往又形成不同的版本；由于人们不断对文献典籍进行整理、研究，又产生了不少新的分歧理解和不同文本。这就使后来的学者和读者产生了疑问：究竟哪个本子是正确的文本？根据什么原则来确定不同本子中不同文句的正误？用什么方法来分析、归纳、判断它们的正误？如此等等。要解决这些问题，就必须对古籍进行校勘。校勘又称校雠，校是校对，勘是订正错误。校勘是广泛搜集各种相关的本子，广泛取证各种相关资料，对同一古籍进行比较、对照，校出篇章文字的异同，审定其是非，力求准确地恢复古籍原貌的工作，具体包括备众本、订脱误、删重复、辨异同、增佚文、存别义等内容。

戴震在古文献的校勘方面，不仅注重校勘方法的探求，在文献校勘学理论上作出了贡献，而且在实际工作中，他辛勤地校勘出古籍近二十种，为我国古代文献校勘事业作出了杰出的贡献。

一、戴震的文献校勘方法

戴震在对古文献进行校勘时，实际上运用了被近代史学大家陈垣在20世纪30代初所总结的对校法、他校法、本校法、理校法，而更多的时候，戴震在校勘时，同时使用这几种方法，即综合校勘法。

对校法，指拿两种版本对照，或根据前人所征引，记其异同，择善而

从。也就是用同书的底本和别本对读，注明异同。他校法，指用存在于他书中的有关本书的引文、述文、释文或与本书相关之材料来校本书之讹误。

戴震主张校勘要广泛搜集善本以外的其他异文材料来互相比勘，反对对某一古本、善本的盲目迷信或只用孤证就轻易判断，而力主通过"对校法"或"他校法"进行校勘。关于此，戴震曾说："《读史方舆纪要》只是大体好，细处未能尽善"；"唐初，汉时书籍存者尚多，作正义者，不能广为搜罗，得所折衷。于《春秋》专取杜预，于《易》专取王弼，于《尚书》专取孔安国，遂使士人所习不精。即《三礼》用郑《注》矣，而其《疏》纰缪不少，亦只可有四五分也"；"宋本不皆善，有由宋本而误者。"①

由于戴震不迷信某一古本、善本，所以他主张"搜考异文，以为订经之助；又广揽汉儒笺注之存者，以为综考故训之助"②。即校书时，要多方搜求各种异文和旧注，准备多方面的材料，以利校勘之用。比如，戴震在校勘《大戴礼记》时，搜罗到了五个不同的版本以相互对校："余尝访求各本，得旧本五，参互校正。"③再如，戴震在校订《方言》时，以《永乐大典》本和明本《方言》相比勘，并广泛搜集古书中引用《方言》和郭璞《方言注》的文字，以交互参订："今从《永乐大典》内得善本，因广搜群籍之引用《方言》及《注》者，交互参订，改正讹字二百八十一，补脱字二十七，删衍字十七，逐条详证之，庶几汉人故训之学犹存于是，俾治经、读史、博涉古文词者，得以考焉。"④由此可见，戴震在校订《方言》时，主要采用了对校与他校相结合的方法来校勘《方言》。

本校法是一种用本书校本书的校勘方法，指在无他书可供比勘时，完全通过将本书前后文字进行对照，比较分析其异同，从而找出其中的错误。

理校法指在各本异文互存，难以决择，或证据不足甚至绝无证据的情况下，研究出本书各篇所用的语法、字法、文义，以意逆志，合理按断，

① 杨应芹,诸伟奇.戴震全书:第7册[M].合肥:黄山书社,2010:186、187、189.

② 杨应芹,诸伟奇.戴震全书:第6册[M].合肥:黄山书社,2010:375.

③ 杨应芹,诸伟奇.戴震全书:第6册[M].合肥:黄山书社,2010:239.

④ 杨应芹,诸伟奇.戴震全书:第3册[M].合肥:黄山书社,2010:6-7.

校勘出今本之讹误，即根据著书人的原定体例以及其他知识去刊正全书之讹误。梁启超评述此方法曰："这种工作，非眼光极锐敏、心思极缜密，而品格极方严的人不能做。清儒中最初提倡者为戴东原，而应用得最纯熟矜慎卓著成绩者为高邮王氏父子。这种方法好是好极了，但滥用它，可以生出武断臆改的绝大毛病，所以非其人不可轻信。"①关于理校法的运用，陈垣先生称"最高妙者此法，最危险者亦此法"②。乾嘉学者精于理校，他们往往能在没有证据的条件下以理断之，妙解古书之失，如《水经注》旧刻本中，经文注文混乱很多，戴震"按之地望""审其义例"，研究出经、注异同的三个公例，并将全书厘正，所使用的主导方法便是理校法。

综合校勘法，亦可称为多重证据法，即通过对以上四种方法的综合运用来校勘古书讹误之法。古书错讹情况复杂，有单层讹误或多层讹误，在具体校勘中，用某一种方法往往不能校出错讹，将各种方法综合运用，既可以减少妄改误校的可能性，又可以层层把关，清理出隐匿的讹误。如戴震在校勘《水经注》时，实际上同时使用了本校法、他校法、理校法和对校法，将各种校法灵活运用，不受局限，从而前人难以发现的讹误，也多被他一一勘正，使得《水经注》堪称为善本。再如，从《方言疏证》中的许多具体校勘实例来看，戴震往往也是交叉兼用上述二种、三种乃至四种方法，从而使结论更加可靠。例如：《方言疏证》卷五中有："飤马橐，自关而西谓之裺囊，或谓之裺篼，或谓之䫂篼。燕齐之间谓之帪。"戴震作案语注曰："'飤'即古'饲'字，各本讹作'饮'，字形相近而讹。今《广雅》'帪'字与《方言》同……《说文》：'篼，飤马器也。''飤'亦讹作'饮'。《玉篇》：'篼，饲马器也'，可据以订正二书。"③由此可见，戴震在此处是先用理校法，再用他校法。《方言疏证》卷十中有：'啙……短也。江、湘之会谓之啙。"《方言疏证》注曰："'啙'字两见，以下云'亦谓之黨'证之，皆应作'黨'。徐坚《初学记》引《方言》……《广韵》引《方言》曰……"④由例可见，此处戴震先用本校法，后用他校法。

戴震的这些古籍校勘理论及方法，有重要的价值和极大的影响，后来

① 梁启超.中国近三百年学术史[M].北京：东方出版社，2004：251.

② 陈垣.校勘学释例：卷6[M].北京：中华书局，1959：148.

③ 杨应芹，诸伟奇.戴震全书：第3册[M].合肥：黄山书社，2010：87.

④ 杨应芹，诸伟奇.戴震全书：第3册[M].合肥：黄山书社，2010：162.

为其弟子段玉裁、王念孙、王引之等所继承和发展，成为文献校勘学的重要理论、方法之一。

二、戴震校勘的古文献

(一)校勘《水经注》

中国古代地理学著作《水经》，是我国古代记载河流分布（包括流经区域）的专书，所载河流达一百三十七条之多。北魏时期的郦道元为《水经》作注，计四十卷，补充记述达一千二百五十二条河流，注文比原文多出二十倍，引书达四百三十七种，记述详实，描述生动，详细记载了每条河流流经地区的地理沿革情况，并兼及农田水利、历史遗迹、民间风俗，成为我国一部价值很高的地理学专著。但《水经注》流传到唐代以后，由于抄、刻讹误，使《经》《注》混淆、文字脱漏、前后错简，讹谬百出，到清朝时几乎已经不可通读了，连那些很会读书的著名地理、历史学家阎若璩、顾祖禹、胡渭等，都感到困难。

戴震早期研究《水经注》的成果是《水地记初稿》与《手校水经注批语》。作于乾隆十九年（1754）前后的《水地记初稿》，其篇幅的三分之一引用了《水经注》的原文，这些引文已改正了常见本错误的一半以上，已大部分同于后来的武英殿本的文字。凡殿本有案校"近刻讹""近刻脱""近刻衍"之类的，《水地记初稿》引其文者，半数以上都做了改补删乙。如《济水篇》有案校二百六十五条，《水地记初稿·济水》引文涉及案校一百三十五条，已改正讹误八十六条；《淮水篇》有案校一百四十八条，《水地记初稿·淮水》引文涉及案校九十条，已改正讹误四十八条。《水地记初稿》是戴震早年研究《水经注》的见证，他"晚年校定《水经注》能取得巨大的成绩，绝不是偶然的"[①]。

《手校水经注批语》作于乾隆二十五年（1760），戴震是年客居扬州。底本为项絅康熙五十三年（1714）刻本，另有何焯、无名氏、沈大成的手校，可惜四家合校本的卷一、卷二、卷三十一至卷三十六共八卷已亡佚。何焯批校用朱笔，所作楷书秀整瘦劲；无名氏批校用墨笔，乃校于何氏之后；沈大成批校用绿笔，现存本仅卷三十八"耒水"之上有一条眉批。

第二章　戴震对古籍的校勘、辑佚与辨伪

① 杨应芹.戴震与《水经注》[M]//赵华富.首届国际徽学学术讨论会文集.合肥:黄山书社,1996:266.

戴震手校用墨笔，其内容之一为圈定经文。凡被戴震确定为经文的，则于起讫之字的右旁加圆圈表示。将殿本《水经注》与手校本比较，可见手校本已把混淆的经、注文百分之九十五以上分离开了。他后来总结的分辨经、注的三大义例，在批语中已见轮廓，足知三大义例的理论总结不是一朝顿悟，圈定全书的经文也是个再三探索、辗转推求的过程。

内容之二为校订讹误。主要是写在书眉的九十七条批语，每条均署名"东原"，共校一百零六处讹误，有九十条被殿本保留，其中校出错简三十二处，有二十七处被殿本保留，对文字正讹、补脱、删衍共七十四处。批语还交代了校改的根据或理由，改正了几处因经、注讹乱而产生的破句，以及何焯的四五处批校失误。

戴震手校圈定的经文，基本与1765年所整理的《水经》一卷相同；手校有关错简、脱简的内容也多被《水经·附考》所采纳。足见，《手校水经注批语》是《水经》一卷的底本，为戴震正式校订《水经注》做了充分的准备①。

戴震正式校订《水经注》，开始于乾隆三十年（1765）。这年六月，他读到胡渭的《禹贡锥指》中所引的《水经注》，引起怀疑，便检阅郦注原书，辗转推求，知胡渭致误的原因，正是唐、宋以来《水经注》"残阙淆紊，《经》多误入《注》内，而《注》误为《经》。校者往往以意增改"②。由此，戴震在早期研究《水经注》的基础上，自定《水经》一卷。他就郦注考定经文，使经、注真正分开，别立经文为一卷；对注中前后倒乱不可读者，为之订正，附于经文后，题作"附考"；还附有"以河、江为纲，按地望先后，分属于河、江左右为次"③而考定的《水经》一百二十三条河流的新次序，题名《水经考次》。戴震在其后所作的《水经郦道元注序》（约晚于《水经》一卷之"后记"十年）中，说明了这一情况：《水经注》既然讹误百出，且时间久远，要想重新分成四十卷是不可能的："合其所分，无复据证"④。于是，戴震采取了以水名各自立篇的

---

① 杨应芹.戴氏手校《水经注》[M]//周绍泉，赵华富.'98国际徽学学术讨论会论文集.合肥：安徽大学出版社，2000：476-485.

② 杨应芹，诸伟奇.戴震全书：第4册[M].合肥：黄山书社，2010：502.

③ 杨应芹，诸伟奇.戴震全书：第7册[M].合肥：黄山书社，2010：164.

④ 杨应芹，诸伟奇.戴震全书：第6册[M].合肥：黄山书社，2010：322.

形式，不分卷次，全篇汇成一卷。具体方法是：依北方黄河、南方长江两条大河为主干。黄河干系，将众川按黄河以北、黄河以南地域分列先后顺序；长江干系也将众川按长江以北、长江以南分列各次序，合两大干系共得一百二十三条水系，进行条分缕析，做到了有条不紊。如此，即使众川交错纵横，也会不淆不乱，恰如理清了一团乱麻，使脉络清晰可见，从而一改经文混杂、前后倒置、错讹不堪的旧貌。

在自定《水经》的文末，戴震作有"后记"，清晰地指出了辨析经、注的办法和标准，即三大义例："《水经》立文，首云某水所出，已下无庸重举水名；而《注》内详及所纳群川，加以采摭故实，彼此相杂，则一水之名不得不更端重举。经文叙次所过郡县，如云'又东过某县南'之类，一语实赅一县；而《注》内则自县西至东，详记水历委曲。《水经》所列即当时县治；至善长作《注》时，已县邑流移。《注》既附《经》，是以云'迳某县故城'，《经》无有称'故城'者也。凡《经》例云'过'，《注》例云'迳'。"①

对三大义例，段玉裁赞道："得此三例，迎刃分解，如庖丁之解牛，故能正千年《经》《注》之互讹，俾言地理者，有最适于用之书。"②而对戴震所校定的《水经》一卷，段玉裁更是称赞道："此《水经》一卷，今未著录，然别《经》于《注》，令《经》《注》不相乱，此卷最为明晰。后召入四库馆纂修此书，纲领不外乎是，特于讨论字句加详耳。"③

乾隆三十七年（1772），戴震在主讲浙东金华书院期间，将自定的《水经注》一卷刊刻，但未能完成四分之一便奉诏于次年进入四库全书馆。在四库全书馆期间，戴震从《永乐大典》内，找到了《水经注》及郦道元四百七十七个字的《自序》，在和其他馆臣的通力合作下，确定起《水经注》的纂修纲领并依据三大义例，对《水经》再次进行全面、详细地校订、补葺。在这次校勘中，共删除了一千四百四十八个妄增之字，改正了三千七百一十五个臆改之字，补上了二千一百二十八个缺漏之字。对于所校《水经注》的功用，戴震在他所写的《水经注》校书提要中自我赞

---

① 杨应芹,诸伟奇.戴震全书:第4册[M].合肥:黄山书社,2010:502.

② 杨应芹,诸伟奇.戴震全书:第7册[M].合肥:黄山书社,2010:167.

③ 杨应芹,诸伟奇.戴震全书:第7册[M].合肥:黄山书社,2010:154.

赏道："神明焕然，顿还旧观，三四百年之疑窦，一旦旷若发蒙。"①

戴震的《水经注》校定本献上后，乾隆皇帝大加赞赏，亲撰诗赞云："悉心编纂诚宜奖，触目研磨信可亲。设以《春秋》素臣例，足称中尉继功人。"②当时武英殿即以聚珍版予以刊刻，不久被《四库全书》收录，成为《水经注》众多版本中最著名的一种，至今仍受到地理学家的推重。对戴震校定《水经注》的功绩，段玉裁盛赞曰："先生之受主知深矣。顾此书自先生校定后，宋以来旧刻必尽废更，数十百年后，且莫知先生发潜之功，故聚珍版足贵，好事者当广其传也。"③

（二）校定《方言》

东晋郭璞的注本《方言》，经过一千五百多年的传抄、翻刻，断烂讹脱，几乎不可读，且"明人妄行改窜，颠倒错落，全失其初，不止钱曾所举之一处。是书虽存而实亡，不可不亟为厘正"④。

早在乾隆二十年（1755）春，戴震就将《方言》分抄于宋人李焘的《许氏说文五音韵谱》的上方，为日后校订、训诂《方言》做准备。进入四库全书馆后，戴震将《永乐大典》本与明本《方言》相比勘，并广泛搜集古书中引用《方言》和郭璞的《方言注》的文字，以参互考订，"并逐条援引诸书，一一疏通证明"⑤。校勘《方言》共改正了二百八十一个错字，删除了十七个衍字，补充了二十七个脱字，还校改了不少误连误分和窜乱的情况。

由于《永乐大典》本《方言》是根据宋代国子监本、蜀本、闽本、赣本而来，故校订时，明本的错误可以根据《永乐大典》本改正，《永乐大典》本的错误可以用宋以前的古书所引文字来改正，从而戴震所校定的《方言》，"神明焕然，顿还旧观……庶小学训诂之传，尚可以具见崖略，并以纠坊刻之谬，俾无迷误后来"⑥。《方言》校定后，"武英殿聚珍版丛书"和《四库全书》均收录之。戴震所校定的《方言》，是清人的第一个《方言》校刻本和善本。后来，虽有其他《方言》校本问世，对戴书也有

---

① 杨应芹,诸伟奇.戴震全书:第6册[M].合肥:黄山书社,2010:626.
② 杨应芹,诸伟奇.戴震全书:第7册[M].合肥:黄山书社,2010:167.
③ 杨应芹,诸伟奇.戴震全书:第7册[M].合肥:黄山书社,2010:167.
④ 杨应芹,诸伟奇.戴震全书:第6册[M].合肥:黄山书社,2010:623.
⑤ 杨应芹,诸伟奇.戴震全书:第6册[M].合肥:黄山书社,2010:623.
⑥ 杨应芹,诸伟奇.戴震全书:第6册[M].合肥:黄山书社,2010:623.

所补充订正，但从总体上看，功力、成就均不能超过戴书。1777—1779年，孔继涵据戴氏家藏的稿本将之付刻为《戴氏遗书》之一，书名为《方言疏证》（十三卷），题下标明"戴震疏证"，自此，《方言疏证》流传广泛，得到的评价也很高，普遍认为只有在参阅戴震的校注本后，才能看得懂《方言》，如梁启超就评价道："盖自得此校本，然后《方言》可读。"[①]

当然，《方言疏证》也存在不少校勘方面的问题，主要有：第一，误校。戴震的《方言疏证》改正删补三百多条，但其中有"近四分之一的条目是需要纠正或另寻答案的"[②]，有不当改而误改的，有当改而不改的，有不当删补而删补的。第二，漏校。尽管戴震的校本已经取得了很大的成就，但是由于历史的局限，《方言疏证》还是留下了不少当校而未能校正的问题，虽然其中有一部分问题没能解决是因为缺乏证据，我们不应当超越历史去苛求戴震，但是也有相当一部分讹舛是由于戴震的粗疏而漏校的，有当改未改的，有当补未补的，有当删未删的。第三，新增讹误。戴震的《方言疏证》在校勘的同时，还新增加了一些讹误，这些讹误中有一些也许是刻印过程中出现的，但是新的讹误作为问题毕竟留给了后来的校勘家。

（三）校补《仪礼》

《仪礼》难读，儒者罕通，篇目及注疏亡佚甚多，至唐代贾公彦作疏时，仅仅根据南齐黄庆、隋代李孟哲两家之疏定为今本，然而贾疏本自明代以后又是讹舛甚多。

戴震在进入四库全书馆后，从《永乐大典》中辑出张淳的《仪礼识误》和李如圭的《仪礼集识》《仪礼释宫》，同时对它们详加校勘，从而使《仪礼》成为可读之书，正如他在校书提要中所述："《仪礼》一经因治之者希，经文并注往往讹脱。如圭生于南宋，尚见古本，今据以校正，补《注疏》本经文脱字二十四，改讹字十四，删衍字十，补注文脱字五百又三，改讹字一百三十二，删衍字一百六十九。并参考《唐石经》及陆德明的《经典释文》、张淳的《仪礼识误》及各本文句字体之殊，应加辩证者不胜指数，各附案语于下方。其《乡射》《大射》两篇，如圭之释虽佚，亦参取惠栋、沈大成二家所校宋本，证以《唐石经》本，补经文脱字七，

① 梁启超.中国近三百年学术史[M].北京:东方出版社,2004:229.

② 华学诚.潜斋语文丛稿[M].南京:南京大学出版社,1991:173.

改讹字四，删衍字二，补注文脱字四十一，改讹字三十九，删衍字十七，以成《仪礼》之完帙。如圭旧本本十七篇，篇自为卷，其间文句稍繁者篇页太多，难于分帙，今析之得三十卷。其《释宫》则仍自为一书，别著于录焉。"①

《仪礼考正》或《仪礼正误》一卷，是戴震在校补《仪礼》诸书时同步撰著的。戴震的弟子孔广森对此记述道："君之入书局也，西京客史，夙善徐生；东观中文，遂分淹《礼》。乃取忠甫《识误》、德明《释文》，殚求豕亥之差，期复鸿都之旧。互相参检，颇有整齐，削康成长衍之条，退《丧服》厕经之传，为《仪礼正误》一卷。"②然而段玉裁在作《戴东原先生年谱》时（1814年左右），称《仪礼考正》因藏于曲阜孔氏而"未得见也"③。今北京大学图书馆藏有《戴东原先生文》，其中有《仪礼注疏》的考正文字两页，为戴震的手稿，应是其佚著《仪礼考正》的残卷。《仪礼》校定后，有凌廷堪的《礼经释例》（十三卷）发现了若干重要原则，继则有张惠言的《仪礼图》不能图者则表，如此等等，皆以戴震的《仪礼》定本为基础而继有创获。

（四）校勘《大戴礼记》

《大戴礼记》十三卷，为汉代戴德所撰。《汉书·艺文志》有《曾子》十八篇，久佚；《大戴礼记》有北周的卢辩注本，但正文并注，讹脱严重，几乎不能诵读。

早在乾隆二十二年（1757），戴震便校勘雅雨堂（雅雨堂是扬州都转运使卢见曾的室名）所刻卢文弨的《大戴礼记》校本："今春正月，卢编修召弓以其校本示余，又得改正数事。卢编修本所失者，则余五本中或得之，若疑文阙句，无从考得，姑俟异日。"④在1760年，戴震又写信给卢文弨（《与卢侍讲召弓书》），列举雅雨堂本应改之字，并且动手剜板改正了这些错字。次年，他再次写信给卢文弨（《再与卢侍讲书》），又列举出应改的错误多处，但由于其时他已离开扬州，故没有动手剜改。

1773年戴震入四库全书馆后，从《永乐大典》中辑得《大戴礼记》散

① 杨应芹,诸伟奇.戴震全书:第6册[M].合肥:黄山书社,2010:616.

② 杨应芹,诸伟奇.戴震全书:第7册[M].合肥:黄山书社,2010:231.

③ 杨应芹,诸伟奇.戴震全书:第7册[M].合肥:黄山书社,2010:173.

④ 杨应芹,诸伟奇.戴震全书:第6册[M].合肥:黄山书社,2010:239.

篇十六篇，以此作为底本，与各种版本和古籍中摘引《大戴礼记》的文字参互考核，并附案语于下方，从而最后校定了《大戴礼记》。《大戴礼记》校定本很快被武英殿刊刻以及《四库全书》收录。此最后校定本，即武英殿官刻本，是集戴震数十年心血而成的。后来，戴震的弟子之一孔广森据此作《大戴礼记补注》十三卷。段玉裁记述了戴震辛勤校注《仪礼》《大戴礼记》的情形："而《仪礼》《大戴礼》二经，古本埋蕴已久，阐发维艰，先生悉心耘治，焚膏宵分不倦，至于身后，馆臣乃以《大戴》《方言》二种进呈，谓先生鞠躬尽瘁，死于官事可也。又况先生自所著述，亦刻无少休。"[1]

(五)校勘"算经十书"

"算经十书"又称为"十部算经"，是对在唐代国子监算学馆的十部重要数学教材的合称。该十部书分别是《周髀算经》《九章算术》《海岛算经》《孙子算经》《夏侯阳算经》《张丘建算经》《五曹算经》《五经算术》《缀术》《缉古算经》。唐朝国子监内设有算学馆，国家举行的科举考试中也设有"明算"一科，上述十部算经便是当时算学馆内所用的主要的教材，它们也代表了唐以前（直到唐初）传统数学发展的主要成就和最高水平。

"算经十书"在流传的过程中曾有过遗失。北宋元丰七年（1084）秘书省校刻算经时，祖冲之所写的《缀术》已经失传；《夏侯阳算经》的原本也找不到了，便以唐朝韩延所写的一本讲实用算术的书来代替，但仍冠以《夏侯阳算经》之名，因此"算经十书"实际上只剩下九部。明代《永乐大典》将这九部算经全部抄录，但明代理学盛行，传统数学的发展进入低谷，"算经十书"中的绝大部分均湮没无闻，这种状况一直持续到清朝前期。清代中期，乾隆皇帝接受了当时士大夫们的意见，开四库全书馆，广泛征集私家藏书，并辑录明代《永乐大典》中保存的佚书，这次编书给传统数学研究带来的最大益处是将"算经十书"和部分宋元时期的数学著作重新发掘了出来，并为以后对古算书进行更全面的发掘和整理打下了重要的基础。

戴震入四库全书馆后，从《永乐大典》中辑出《周髀算经》《九章算

---

① 杨应芹,诸伟奇.戴震全书:第7册[M].合肥:黄山书社,2010:172-173.

术》《孙子算经》《五曹算经》《夏侯阳算经》《五经算术》《海岛算经》等七部古算书。但它们均错讹众多，散乱割裂，必须校勘才可读。戴震力求搜集各种旧注及残本，与辑本相互考订，最终使它们成为完帙、善本。其具体校勘工作，简述如下：

《周髀算经》，补充脱文一百四十七个字，改正讹误字一百一十三个，删除衍生字十八个，对《周髀音义》也据正文及注而补图三幅、改正错图一处。

《九章算术》，排纂成篇并考订讹异，各附案语于下方。对李淳风的《注》中所佚之图，依《注》之意，为之补图，写成《九章算术订讹补图》，后被附刻于微波榭本《算经十书·九章算术》之后。

《孙子算经》，旧本久佚，戴震根据《永乐大典》中所载，"裒集编次，仍为三卷，冠以原序。其甄、李二家之注则不可复考，是则姚广孝等割裂刊削之过矣"①。

《五曹算经》从元、明代以后，久无刻本，"藏书家传写讹舛，殆不可通。今散见《永乐大典》内者，甄鸾、韩延、李淳风之《注》，虽亦散佚，而经文则逐条完善。今参互考校，俾还旧观，遂为绝无仅有之善本"②。

戴震从《永乐大典》中将《五经算术》辑出时，又撰《五经算术考证》一卷，对书中所引经史文字详加考订。一方面以今传本经籍、史志校订该辑佚本的一些误文讹字；另一方面，因为甄鸾所引乃北周以前的古籍，又据此酌情校正经籍、史志今传本的个别讹误之处。其《校勘记》附刻于《算经十书·五经算术》之后。

上述七部古算书校定后，即被刊刻成钦定武英殿聚珍版图书（武英殿是清宫内殿名，设有修书处。乾隆皇帝命令将《永乐大典》中汇辑出的罕见著作，计一百三十八种，用木活字排版刊刻，并定名"聚珍版"）。不久，戴震又收集到汲古阁本《张丘建算经》《辑古算经》和明代万历年间胡震亨刻本（万历年间汇刻的古书"秘册汇函"与"津逮秘书"）的《数术记遗》（祖冲之的《缀术》在北宋时已亡佚，便以《数术记遗》代替之），对三书详加校订、补图。如《张丘建算经》，其上卷第十二至十五

---

①杨应芹,诸伟奇.戴震全书:第6册[M].合肥:黄山书社,2010:631.

②杨应芹,诸伟奇.戴震全书:第6册[M].合肥:黄山书社,2010:632.

问，皆"籍图以明"。戴震对所缺之图依原义补入；对刘孝孙所撰《细草》，亦补足脱文二十余字，其"鹿、垣、仓"三条也各为之补图，附于原问之后，"俾学者得以考见其端委焉"①。

戴震在校勘"算经十书"时，付出了过多的劳动，忍受了异常的艰苦，其中特别值得一提的是戴震在乾隆三十九年（1774）所校成的《九章算术》。《九章算术》在乾隆朝之前就已经失传，当时著名的数学家王寅旭、谢野臣、梅定九等人均无缘得见。乾隆三十二年（1767），留心访求二十余年的戴震偶然从翰林院编修曹竹虚那里得知《永乐大典》中存有此书，十分高兴，但遗憾的是他当时还只是一个举人，无法看到《永乐大典》。乾隆三十八年（1773）奉召入馆后，戴震立即从《永乐大典》中将《九章算术》尽心排纂成编，并着手考订讹误、异文，附案语。残存于《永乐大典》中的材料凌乱不堪，无法通读，考订工作的难度十分巨大。《九章算术》原本附有大量插图，而《永乐大典》中却未收录，戴震决定根据文意补作插图，他字斟句酌，精心绘制，费力特多。乾隆三十九年（1774），《九章算术》校勘、补图工作全部完成。为了表示嘉奖，乾隆皇帝特作御制诗冠于端首，并命武英殿聚珍版刊行。

十部古算书校定后，1777—1779年间，孔继涵将它们刻成《戴氏遗书》之一的"算经十书"，使它们广为流传。其后研治算学者，皆以此"算经十书"为底本。所以，戴震对"算经十书"的校勘，虽然不免有一些缺陷，如原本有误文而不知订正或原本未误而妄自改窜，但其功绩，仍是第一位的，诚如钱穆所评道："震于《算经十书》之校勘，用力颇勤，实有不可没之功绩……微波榭本《算经十书》版本最为精美。但以震所校订者为定本，毛本或《大典》本原文皆经改窜。倘无四库本及殿本传世，中国古算学之发展史几致不可究诘。"②

（六）著《石经补字正非》

《石经补字正非》，成稿于1767年至1769年间，是戴震对唐代的《开成石经》系统校勘的汇录。据《旧唐书·文宗纪》记载，唐代开成二年（837）十月，准宰臣判国子祭酒郑覃所奏，置石壁九经一百六十卷于太学。"九经"指《易》《书》《诗》"三礼""春秋三传"，另有《孝经》《论

① 杨应芹,诸伟奇.戴震全书:第6册[M].合肥:黄山书社,2010:636.
② 杨应芹,诸伟奇.戴震全书:第7册[M].合肥:黄山书社,2010:752.

语》《尔雅》，其实是十二经。同时上石的还有两种校勘著作：《五经文字》三卷，《九经字样》一卷。《开成石经》残石现存于西安碑林，随着时代的推移，几经搬迁、修补，已渐失其旧。明嘉靖乙卯年（1555）关中地震，石碑倒损尤为严重。万历戊子年（1588），西安府学生员王尧典（阮元的《十三经校勘记》中作"王尧惠"）等人按旧文收集其残缺字，别刻小石立于碑旁，以便摹补。戴震的校勘正是基于王尧典等人的"补缺"而作。

戴震所校著的《石经补字正非》共四种：其一为《开成石经补缺正非》，即就明人所补文字举谬正非；就自己所见残损部分加以补缺；引据顾炎武的校勘成果（《金石文字记》卷五）略作考辨。其二为《谷梁石经改字》，专录碑上所改之字，与《开成石经补缺正非》无一重复，内容可以互补。其三为《唐石经葛本春秋左氏传校缪》，互校石本、葛本《左传》，亦时引顾炎武所校为援，与《开成石经补缺正非》在内容上相互映证。其四为《石经孟子讹字录》，专录石上讹字，此不在唐石经之列。《石经补字正非》为手稿本，今藏于北京大学图书馆。①

## 第二节 戴震对古籍的辑佚

辑佚是对群书中保存下来而单本已经亡佚文献的佚文进行搜集、整理、编辑成册，以达到基本恢复其原貌或辑录出一个残本的工作，它是整理、研究古籍的手段之一。

乾隆三十八年（1773），受纪昀等人的推荐，戴震以举人身份被特召进入四库全书馆充任纂修官兼分校官，主要负责从《永乐大典》中辑佚古书。戴震是目前可考知的在四库全书馆中辑佚数量最多的馆臣，他先后从《永乐大典》中辑佚出十多种"大典本"古籍，在文献辑佚学方面的成就非凡，为我国古文献资料的保存、传世作出了重要的贡献。

### 一、辑纂算书七种

乾隆三十八年（1773）二月，清廷成立四库全书馆开始编修《四库全

① 杨应芹，诸伟奇.戴震全书：第2册[M].合肥：黄山书社，2010：105-107.

书》，而编修《四库全书》的第一步工作是整理《永乐大典》。《永乐大典》原名《文献大成》，明永乐元年（1403）着手编纂。它把经、史、子、集百家之书及天文、地志、阴阳、医卜、僧道、技艺之书汇成一书。参与编辑、誊录的达三千余人，到永乐六年（1408）完成，全书共二万二千八百七十七卷，凡例、目录六十卷。书分装为一万一千零九十五册，每册高一尺六寸，宽九寸五分。每页八行，每行大字十五个，小字三十个，朱笔句读。引书达七八千种，字数约三亿七千多万字，是我国历史上最大的类书。古代所谓的类书，其主要特点就是分类摘抄有关历史文献，以便于检索。《永乐大典》按照《洪武正韵》分编，以韵统字，每字下面，先列音读、字体，再分类汇录各书中和这个单字有关的资料，如东韵下的东字门，将当时所见的《东观汉记》一书，全部录入。但更多的书被割裂成许多部分而分隶于人名、地名等名目之下，这种体例不便于查阅完书，以致梁启超说《永乐大典》是"古今最拙劣之类书也"[1]。尽管如此，《永乐大典》却保存了许多罕见的稀世珍本图书。

乾隆三十七年（1772）正月，清廷诏令在全国范围大规模征集图书，从而各地纷纷呈献书籍。十一月，安徽学政朱筠向朝廷提出，京师翰林院所藏《永乐大典》，包罗了许多现世不见的书，故而恳请朝廷派人整理《永乐大典》、辑录完整之书。乾隆皇帝采纳了朱筠的建议，于次年二月正式开办四库全书馆后，即命人着手整理《永乐大典》。鉴于《永乐大典》编辑体例不当，分韵编排，割裂全文、全书，清廷便决定对它详加校勘并辑出完整之书，和在全国征集、采进的图书以及宫中收藏的图书，按经、史、子、集汇编成一部大丛书，定名为《四库全书》。因此，《四库全书》的编纂，是从辑佚《永乐大典》开始的。

戴震即在乾隆三十八年（1773）四库全书馆开馆的这一年，以举人身份特召入馆，参与编纂《四库全书》，而其工作首先就是整理、校勘《永乐大典》。

戴震入四库馆后，充任校勘《永乐大典》的纂修兼分校官。他和兰应元、周永年、邵晋涵等三十九人，负责从《永乐大典》中辑佚古书。

由于戴震在天文、历算方面已取得了卓越的成就：著有《策算》一

① 梁启超.中国近三百年学术史[M].北京:东方出版社,2004:287.

卷、《勾股割圜记》三卷、《原象》一卷、《迎日推策记》一卷、《历问》一卷、《续天文略》（《古历考》）二卷，并为秦蕙田纂《五礼通考》中的《观象授时》一门，还对各史天文志、律历志及《西洋新法算书》《大清会典推步法》等进行过整理，所以辑校天文、历算类古书便由戴震负责。

算学在唐以前很受重视，科举也有"明算"一科，宋以后逐渐成为绝学，许多单行本算书不再传世，仅存于《永乐大典》中。如晋刘徽注疏的《九章算术》，是古代一部经典性数学著作，明清之际大数学家王锡阐、梅文鼎竟寻访一生不能得见。戴震从离散错乱的《永乐大典》中细心缀辑，排纂成编，并加以考订、注解，从而辑佚出七部古算书：

《周髀算经》二卷，汉代赵爽注，北周甄鸾重述，唐代李淳风释，唐代李籍撰《音义》一卷。此书旧有"津逮秘书"刻本，但讹脱甚多，戴震从《永乐大典》中辑出并详加校勘后使之成完篇。

《九章算术》九卷，晋代刘徽注，唐代李淳风释，李籍撰《音义》一卷。此书明代时已亡佚，戴震从《永乐大典》中辑出九卷，排纂成编，并考订讹异，依《注》补图，以成完帙。

《孙子算经》三卷，旧有北周甄鸾、唐代李淳风注，久佚，戴震从《永乐大典》中辑录、编次并冠以原序，使之恢复原貌。

《五曹算经》五卷，元、明代以后已无刻本，汲古阁有影抄宋本，但讹误太多，不可读。旧有甄鸾、韩延、李淳风注，已不见，惟经文散见于《永乐大典》中，戴震"参互考校，俾还旧观，遂为绝无仅有之善本"①。

《夏侯阳算经》三卷，旧有北周甄鸾、韩延注，但"今传本久佚，惟《永乐大典》内有之，然逐条割裂，分附《九章算术》各类之下，几于治丝而纷，不得其端绪"②。戴震根据原序、原目，寻绎编次，条贯其文，依宋元丰监本将它厘定为三卷，从而使得《夏侯阳算经》"其书务切实用，虽《九章》古法非官曹民事所必需者，亦略而不载，于诸算经中最为简要，且于古今制度异同，多资考证，尤足宝重云"③。

《五经算术》二卷，北周甄鸾撰，唐代李淳风注。此书久无传本，惟散见于《永乐大典》中。戴震循其义例，以各经之叙推之，辑成完书。

---

① 杨应芹,诸伟奇.戴震全书:第6册[M].合肥:黄山书社,2010:632.

② 杨应芹,诸伟奇.戴震全书:第6册[M].合肥:黄山书社,2010:635.

③ 杨应芹,诸伟奇.戴震全书:第6册[M].合肥:黄山书社,2010:635.

《海岛算经》一卷，晋代刘徽撰，唐代李淳风注，久佚。戴震从《永乐大典》中辑出散乱的原文，编成一卷。该书"篇帙无多，而古法具在，因宜与《九章算术》同为表章，以见算数家源流之所自焉"①。

这七部古算书辑出、校定后，立即被排印，收入"武英殿聚珍版丛书"。不久，戴震又收集到明末常熟人毛晋的汲古阁本《张丘建算经》（甄鸾、李延作注，刘孝孙著《细草》）、《辑古算经》（唐王孝通撰并自注）以及明万历年间胡震亨刻本《数术记遗》（旧题汉徐岳撰，甄鸾注），对它们详加校勘、补图。后来，故宫文渊阁《四库全书》在收录这些著作时，一概删去戴震的名字，另加署总纂官孙士毅和总校官陆贵墀之名。

"算经十书"的名称在唐初出现并立于学官（唐时含祖冲之的《缀术》，但宋时已亡佚，以《数术记遗》代替之），至清初仅存《张丘建算经》《辑古算经》《数术记遗》这三部完本，经戴震辑出七部算经后，才恢复了南宋嘉定六年（1213）的鲍澣之翻刻本"算经十书"的原貌，其贡献是无与伦比的：戴震的工作使十部古算书得以重现光芒于世，并避免了后来八国联军烧抢《永乐大典》之灾，否则，中国自清代以前二千多年的数学成就会存在一大片空白。戴震本人在《周髀算经》《九章算术》的校书提要中就曾说过辑佚古算书的重要性："古者九数，惟《九章》《周髀》二书流传最古，故讹误亦特甚。然溯委穷源，得其端绪，固（术）数家之鸿宝也"②；"算术莫古于九数，九数莫古于是书（《九章算术》）。虽新法屡更，愈推愈密，而穷源探本，要百变不离其宗。录而传之，固古今算学之弁冕矣。"③

另外，戴震的工作启发了人们研究中国古算学的兴趣，掀起了乾嘉学派研究中国传统数学的高潮。其后专家辈出，他们均以"算经十书"为底本，从而使数学成就蔚为大观，至咸丰、同治年间极盛，得以与传来的西方数学顺利接轨。关于戴震的功绩，乾嘉文化鼎盛时期的学界泰斗阮元在其所著的《畴人传》中总结道："九数为六艺之一，古之小学也。自暴秦焚书，六经道湮，后世言数者，或杂以太一、三式、占候、卦气之说，由是儒林之实学，下与方技同科，是可慨已。庶常（戴震）以天文、舆地、

① 杨应芹,诸伟奇.戴震全书:第6册[M].合肥:黄山书社,2010:637.

② 杨应芹,诸伟奇.戴震全书:第6册[M].合肥:黄山书社,2010:629.

③ 杨应芹,诸伟奇.戴震全书:第6册[M].合肥:黄山书社,2010:630.

声音、训诂数大端，为治经之本，故所为步算诸书，类皆以经义润色，缜密简要，准古作者，而又网罗算氏，缀辑遗经，以绍前哲，用遗来学。盖自有戴氏，天下学者，乃不敢轻言算数，而其道始尊。然则戴氏之功，又岂在宣城（梅文鼎）下哉？"①其后梁启超更高度评价曰："自戴校诸书既成，官局以聚珍版印行，而曲阜孔氏复汇刻为《算经十书》，其移易国人观听者甚大。"②

二、辑佚《仪礼》注疏三种和《大戴礼记》

《仪礼》难读，儒者罕通，篇目和注疏亡佚甚多，至唐代贾公彦作疏时，仅根据齐朝黄庆、隋代李孟哲两家之疏定为官本，然贾疏自身从明代以来又是讹误甚多。

宋代张淳曾校《仪礼郑氏注》十七卷和唐代陆德明的《经典释文》一卷，并另举所改字撰成《仪礼识误》三卷。对于这种情况，宋代大儒朱熹曾说："《仪礼》人所罕读，难得善本。而郑《注》、贾《疏》之外，先儒旧说多不复见，陆氏《释文》亦甚疏略。近世永嘉张淳忠甫校定印本，又为一书以识其误，号为精密，然亦不能无舛谬"；"张忠甫所校《仪礼》甚仔细……较他本为最胜。"③但是，明代以后已经没有《仪礼识误》的整书传本，只是分散地存在于《永乐大典》中。戴震则从《永乐大典》中将《仪礼识误》辑录出来，并考订补缉原本数处残缺，各附于下方，但由于《乡射》《大射》两篇不巧在《永乐大典》的缺卷之中，故难以辑佚出来。

宋代李如圭曾全录郑玄的《仪礼注》并旁征博引而撰成《仪礼集释》，同时又撰写有《纲目》《释宫》各一篇。《宋中兴艺文志》记载："《仪礼》既废，学者不复诵习。乾道间，有张淳始订其讹，为《仪礼识误》；淳熙中，李如圭为《集释》。出入经传，又为《纲目》以别章句之指，为《释宫》以论宫室之制。朱熹尝与之校定礼书，盖习于礼者。"④宋人陈汶曾刊刻《仪礼集释》并为之作序，但世无传本，惟散见于《永乐大典》中。戴震从《永乐大典》中录出完篇的十五篇，排纂成书，而《乡

① 杨应芹，诸伟奇.戴震全书：第7册[M].合肥：黄山书社，2010：61.

② 梁启超.中国近三百年学术史[M].北京：东方出版社，2004：368.

③ 杨应芹，诸伟奇.戴震全书：第6册[M].合肥：黄山书社，2010：615.

④ 杨应芹，诸伟奇.戴震全书：第6册[M].合肥：黄山书社，2010：615-616.

射》《大射》两篇及《纲目》，因在《大典》缺卷之内，故无法辑出原本。为了补上《乡射》《大射》两篇，戴震便参考惠栋、沈大成二人所校定的宋本，证以《唐石经》本，补经文脱字七个，改讹字四个，删衍字二个，补注文脱字四十一个，改讹字三十九个，删衍字十七个，以成《仪礼》之完帙，并分之为三十卷。

李如圭撰《仪礼释宫》一卷，以考论古人宫室之制。其体例仿照《尔雅·释宫》，逐条之下，引经记、注疏详加讨论，"其考证明晰，深得经意。发先儒之所未发，大抵类此，非以空言说《礼》者比也"①。宋人陈汝曾刻该书，但刻本不传，惟《永乐大典》内全录其文，戴震据以录出，以恢复《仪礼释宫》旧貌，而与《仪礼集释》相辅。

这三种《仪礼》古注疏辑佚出来后，即被《武英殿聚珍版丛书》收录，后又被收入《四库全书》。戴震的这一成果，对治《仪礼》之学有重要价值，特别是《仪礼释宫》，对了解我国古代宫室制度有突出意义，正如戴震在校书提要中所说："古者宫室各有定制，历代屡变渐非其旧。如序楹、楣、阿、箱、夹牖、户，当荣当碑之属，读《仪礼》者倘不能备知其处，则于陈设之地，进退之位，俱不能知，甚或以后世之规模臆测先王之度数，殊失其真。是篇之作，诚治《仪礼》者之圭臬也。"②

辑佚《大戴礼记》：《大戴礼记》，亦名《大戴礼》《大戴记》。前人据唐孔颖达的《礼记正义序》所引郑玄的《六艺论》"戴德传《记》八十五篇，则《大戴礼》是也"③之语，多谓其书成于西汉末礼学家戴德（世称大戴）之手。该书原有八十五篇，但今仅存三十九篇，其余的四十六篇，至迟在唐代已亡佚。尽管如此，它的史料价值和学术意义仍不可低估。《大戴礼记》当初和《小戴礼记》（即《礼记》）并行而传，但《小戴礼记》因为有郑玄作注而在唐代被列为"经书"，《大戴礼记》却从此长期被冷落，多赖北周学者卢辩的注释得以流传，但正文及注错漏太多，几乎难以阅读。戴震从《永乐大典》中辑佚出散见的《大戴礼记》十六篇，与其他版本及古籍中摘引的《大戴礼记》之文相互校订，并附案语于下方，从而最后校定了《大戴礼记》。《大戴礼记》校定本日益受到重视，引起学者

---

① 杨应芹，诸伟奇.戴震全书：第6册[M].合肥：黄山书社，2010：617.

② 杨应芹，诸伟奇.戴震全书：第6册[M].合肥：黄山书社，2010：617.

③ 李学勤.十三经注疏：第6册[M].北京：北京大学出版社，1999：9.

陆续对之进行进一步研究，成绩卓著者当推孔广森的《大戴礼记补注》和王聘珍的《大戴礼记解诂》。

### 三、其他古书的辑佚

宋代袁甫撰有《蒙斋中庸讲义》四卷。此书备列经文，逐节训解，实际上是作者平日所录以教授弟子的讲义。中间委曲推阐，但往往言之不尽，复又重言以申之。袁甫之父袁燮师从陆九渊，而其自己则为杨简弟子，杨简又为陆九渊高足，故袁甫之学术渊源亦出自陆九渊一派，袁甫所解的《中庸》，为文立说多与陆九渊相合，以"心学"为本，发挥了陆氏的形而上学的主观唯心主义世界观。但该书已亡佚，只散见于《永乐大典》中。戴震从《永乐大典》中，将散乱的经文依经排辑，厘定为四卷，以存金溪学派之说。对书中甚谬于理者，则于书中别加案语，考正其误，以杜绝狂妄恣肆之说泛滥。

宋代项安世撰有《项氏家说》十卷，《附录》二卷。此书是项安世读经史时，逐条记录心得，积以成编。明初以来，其本久佚，惟散见于《永乐大典》各韵内。戴震依原书的说经、说事、说政、说学等篇名分别辑出，又依据陈振孙的《直斋书录解题》所著录的"附录《孝经》《中庸》《诗篇次》《邱乘图》，则各为一书"①，从《永乐大典》中辑出仅存的《孝经说》《中庸臆说》两书，作为附录，"次之于末，以略还原书之旧焉。而《诗篇次》《邱乘图》未经收入，疑当时即已散佚，无从考备"②。

辑佚出《方言》：《方言》是西汉扬雄所著的我国第一部汉语方言学著作，晋郭璞为之作注，但它在长期流传中，断烂讹脱，几乎不可读。其书世有刊本，但文字古奥，训义深隐，很难读懂。清初的钱曾在《读书敏求记》中记载，有据宋椠版本而驳正其误的校勘本出现，但很快失传，只有《永乐大典》中所收录的《方言》及其注犹为完善。戴震在进入四库全书馆后，从《永乐大典》中辑佚出《方言》及其注，并把《永乐大典》本与流传的明代刻本《方言》以及古书中所引《方言》的文字相互疏证。约于1766年，这部语言学要籍得以复还旧貌，此即《方言疏证》十三卷。

辑佚出《水经注》：北魏郦道元著《水经注》四十卷，是一部价值很

---

① 杨应芹,诸伟奇.戴震全书:第6册[M].合肥:黄山书社,2010:625.

② 杨应芹,诸伟奇.戴震全书:第6册[M].合肥:黄山书社,2010:625.

高的地理学专著。但《水经注》在长期的流传中，抄、刻讹误，《经》《注》混淆，文字脱漏，前后错简，不易阅读。该书从明代以后均无善本流传，只有朱谋㙔所校本《水经注笺》盛行于世，但舛谬仍旧很多。而郦道元《自序》一篇，各种版本中均佚失不存，惟《永乐大典》中仅存。戴震在四库全书馆期间，从《永乐大典》中辑佚出《水经注》及郦道元的四百七十七个字的《自序》，在和其他馆臣的通力合作下，确定起《水经注》的纂修纲领并依据三大义例，对《水经注》进行全面、详细地校订、补葺，使之成为完善之本。戴震的《水经注》校定本献上后，当时武英殿即以聚珍版予以刊刻，不久被《四库全书》收录，成为《水经注》众多版本中最著名的一种，至今仍受到地理学家的推重。

戴震辑佚出的这十几部古书，促进了清代对这些相关学科的研究，有助于这些学术成就的流传。另一方面，《永乐大典》全帙二万二千八百七十七卷，清代编纂《四库全书》时已佚去二千四百二十二卷，至如今仅存七百九十七卷，不到原书的百分之四，而戴震等人辑佚出的古书可以帮助我们了解《永乐大典》，因此，如果没有戴震等四库馆臣的辑佚工作，今天我们很难更多地看到祖国优秀文化典籍宝藏中这颗璀璨明珠的本来面貌了。

## 第三节　戴震对古籍的辨伪

辨伪有狭义、广义之分：狭义的辨伪仅指关于古籍本身包括名称、作者、年代等方面真伪的考辨，即"辨伪书""古籍辨伪"，主要是考证古书是否系后人伪造；广义的辨伪除此之外，还把关于古籍中所载内容真伪的考辨包括在内，即"辨伪事""古史辨伪"，主要是考证文献所载的史料是否正确。辨伪是"鉴别史料的基础工作，对于整理古籍和古代学科研究来说，也是一个首要的环节"①。戴震在古文献的辨伪方面也是成就非凡。

一、辨析《周髀算经》

《周髀算经》原名《周髀》，是算经的十书之一。《周髀算经》记载了勾股定理的公式与证明，相传是在商代由周公或商高所作。对于此，戴震

---

① 孙钦善.中国古文献学[M].北京:北京大学出版社,2006:155.

确信它是成周时期所作，但认为"以平远测天"一节则是后人伪托而相传，并对其注本的作者进行考证。他说："其首章，周公与商高相问答，实勾股之鼻祖。故御定《数理精蕴》载在卷首而详释之，称为成周六艺之遗文。荣方问于陈子以下，徐光启谓为千古大愚。今详考其文，惟论南北影差以地为平远，复以平远测天，诚为臆说。然与本文已绝不相类，疑后人传说而误入正文者……旧本相承，题云汉赵卿注。其自序称'爽以暗蔽'，《注》内屡称爽，或疑焉。爽未之前闻，盖即君卿之名。然则《隋(志)》《唐志》之赵婴，殆即赵爽之讹欤？《注》引《灵宪》《乾象》，则其人在张衡、刘洪后也。"①

戴震认为《周髀算经》是成周作品，这其实是不正确的，但他对"以平远测天"一节的考订有合理之处。清初的姚际恒曾著有《古今伪书考》，书中对《周髀算经》考证曰："《汉志》无，《隋志》始有。'周髀'之义未详。或称周公受之商高，故称《周髀》，则益诬矣。"②姚际恒对《周髀算经》的考证，语义不详，不及戴震的考订。今据各家所考，《周髀算经》约成书于公元前1世纪的西汉时期，由赵爽所作，北周的甄鸾作注，而又有后汉及其后学者的许多附益部分。它是中国流传至今的最早的一部数学著作，同时也是一部天文学著作，在数学上的主要成就是介绍了勾股定理及其在测量上的应用以及怎样引用到天文计算；在天文学方面主要阐明当时的盖天说和四分历法。唐初规定它为国子监明算科的教材之一，故改名为《周髀算经》。

二、辨析《九章算术》

《九章算术》，旧题为周代姬旦所撰。对此，戴震否认之，他在《九章算术》校书提要中说："《九章算术》九卷，盖《周礼·保氏》之遗法，不知何人所传。《永乐大典》引《古今事通》曰：王孝通言，周公制礼，有《九章》之名。其理幽而微，其形秘而约。张苍删补残缺，校其条目，颇与古术不同云云。"③紧接着，戴震又据《九章算术》中出现的地名推断出此书又非张苍所删补："今考书内有长安、上林之名。上林苑在武帝

---

①杨应芹,诸伟奇.戴震全书:第6册[M].合肥:黄山书社,2010:627–629.

②姚际恒.古今伪书考[M]//张心澂.伪书通考:下册.北京:商务印书馆,1939:903.

③杨应芹,诸伟奇.戴震全书:第6册[M].合肥:黄山书社,2010:629.

时，苍在汉初，何缘预载？知述是书者，在西汉中叶后矣。旧本有
《注》，题曰刘徽所作。考《晋书》称，魏景元四年，刘徽注《九章》，然
《注》中所引有'晋武库铜斛'，则徽入晋之后，又有增损矣。又有注释，
题曰李淳风所作。考《唐书》称，淳风等奉诏注《九章算术》，为《算经
十书》之首。国子监置算学生三十人，习《九章》及《海岛算经》，共限
三岁，盖即是时作也。"①

《九章算术》是中国古代学者所作的第一部数学专著，是"算经十
书"中最重要的一种。该书内容十分丰富，系统总结了战国、秦、汉时期
的数学成就，它的出现标志着中国古代数学形成了完整的体系。《九章算
术》乃上承先秦数学发展之源流，入汉以后，又经许多学者删补方才最后
成书。《汉书·艺文志》中著录的数学书仅有《许商算术》《杜中算术》两
种，并无《九章算术》，显然，它的撰成并定名要晚于《汉书·艺文志》。
《后汉书·马援传》载其侄马续"博览群籍，善《九章算术》"②，而马续
是生于公元1世纪20至30年代的人，这可作为《九章算术》成书年代的依
据，即此书最终定型约于公元1世纪下半叶，而伪托为周公姬旦所作，当
然伪谬至极。戴震对《九章算术》的作者及其成书年代的考证，是有道
理的。

三、考辨《孙子算经》

《孙子算经》，旧传孙武所作，戴震不同意此说，他在《孙子算经》校
书提要中考证出它是东汉明帝以后的人所伪造。《孙子算经》校书提要
云："朱彝尊《曝书亭集·五曹算经跋》云：'相传其法出于孙武，然孙子
别有算经，考古者存其说可尔。'又有《孙子算经跋》云：'首言度量所
起，合乎兵法'地生度，度生量，量生数'之文。次言乘除之法，设为之
数……以是知此编非伪托也。'彝尊之意盖以为确出于孙武。今考书内设
问有云'长安、洛阳相去九百里'，又云'佛书二十九章，章六十三字'，
则后汉明帝以后人语。孙武春秋末人，安有是语乎？"③

对于戴震大胆指斥《周髀算经》《九章算术》《孙子算经》系后人伪造

① 杨应芹,诸伟奇.戴震全书:第6册[M].合肥:黄山书社,2010:629.

② (南朝)范晔.后汉书[M].北京:中华书局,1965:682.

③ 杨应芹,诸伟奇.戴震全书:第6册[M].合肥:黄山书社,2010:631.

的勇气，钱穆评论道："清初之治目录学者疑古辨伪之风气颇盛。至乾隆时此风虽已稍衰，而《四库》著录之书撰提要者往往明斥其伪。震于算书之著作时代在提要中亦常有论证，盖时势使然也……震所取辨伪证据虽未能缜密，而敢于素无问题之三部算书，在提要中提出意见，其创辟榛芜之功，已足多矣。"①

四、辨伪《数术记遗》

《数术记遗》，旧题为汉代徐岳撰，北周甄鸾注。戴震在《数术记遗》的校书提要中，明辨其伪，指出它是唐代以后的伪书。提要云："据《晋书》所载，岳魏黄初中与太史丞韩诩论难日月食五事，则岳已仕于魏，不得系之于汉矣。考古尤为疏谬。至天门金虎等语，乃道家诡诞之说，尤为隐僻不经。注所言算式数位，按之正文，多不相蒙。唐代选举之制，算学《九章》《五曹》之外，兼习此书。此必当时购求古算，好事者因托为之，而嫁名于岳耳。然流传既久，学者或以古本为疑，故仍录存之，而详斥其伪，以祛后人之惑焉。"②

钱穆肯定了戴震对《数术记遗》的考辨："震辩此书非徐岳所撰，考据甚确。惟以为唐初以后人所伪托，则所据理由似尚欠充分也。"③

五、辨伪《古文尚书》

先秦儒家所传《尚书》原有百余篇，经秦焚书亡佚。汉初，山东济南的秦博士伏生（名胜）传二十八篇。后学者竞相授受，分大、小夏侯及欧阳三家，因为是以汉隶书写，区别于当时的古文《尚书》，故称"今文尚书"。《戴震全书》第6册（杨应芹、诸伟奇主编，黄山书社2010年版）中收录有戴震所撰写的《尚书今文古文考》一文，文中指出了汉晋之间《尚书》在流传时，东晋梅赜所献的古文《尚书》是伪古文《尚书》，实乃今文《尚书》而已，其证据有二：

第一，篇目造假。戴震指出，梅赜将今文《尚书》二十八篇分解成三十三篇："逸书既亡，东晋元帝时梅赜乃奏上古文《尚书》孔安国《传》，

---

① 杨应芹,诸伟奇.戴震全书:第7册[M].合肥:黄山书社,2010:746-747.

② 纪昀.四库全书总目提要:第3册[M].石家庄:河北人民出版社,2000:2727.

③ 杨应芹,诸伟奇.戴震全书:第7册[M].合肥:黄山书社,2010:747.

于二十八篇析为三十一之外，更析《尧典》《皋陶谟》为《舜典》《益稷》"①，又将增多的十六篇古文《尚书》，分解成二十五篇，最终凑足五十八篇，同时将原来在今文《尚书》中的《书序》分散在各篇篇首，拼凑成四十六卷，以符合《汉书·艺文志》所著录的卷数。

第二，编造传授谱系。戴震在《尚书今文古文考》中指出，古文《尚书》无直接的师传，汉代内府藏本已经亡佚，但是东晋梅赜为了让世人信而不疑，特意编造了自郑冲以下的传授谱系："赜自受之臧曹，曹受之梁柳，柳受之苏愉，愉受之郑冲，而其说往往与王肃不异。"②

总之，戴震认为古文《尚书》早已亡佚，今之所见古文《尚书》实乃今文《尚书》，"而非汉时秘府所藏、经师所涉之十六篇矣"③。戴震对古文《尚书》的辨伪虽然只是泛泛而谈，远不及其他清儒对伪古文《尚书》的考辨，但是，"他对伪古文《尚书》的态度确也影响了无数学人"④。

六、考辨《水经》

《水经》三卷，《旧唐书·艺文志》说是郭璞撰的，《新唐志》说是汉代桑钦撰的，宋代晁公武说桑钦为此书而后人附益，王应麟说郦道元附益。戴震则通过考证书中名物客观上所显示的时代特点，提出新观点，否认桑钦说，认为它是三国时之书，且其书实出一人之手，他说："《水经》作者，《唐书》题曰桑钦，然班固尝引钦说，与此《经》文异。道元《注》亦引钦所作《地理志》，不曰《水经》。观其'涪水'条中，称广汉已为广魏，则决非汉时；'钟水'条中，称晋宁仍曰魏宁，则未及晋代。推寻文句，大抵三国时人。今既得道元原序，知并无桑钦之文，则据以削去旧题，亦庶几阙疑之义尔。"⑤

戴震的推定是合理的，《水经》成于三国时期的观点受到后人一致肯定，如清代扬州学派代表人物之一的成蓉镜完全赞同戴震之说，并进一步考证出《水经》成书的时限："戴氏据广魏、魏宁定《水经》为魏人

① 杨应芹,诸伟奇.戴震全书:第6册[M].合肥:黄山书社,2010:226.
② 杨应芹,诸伟奇.戴震全书:第6册[M].合肥:黄山书社,2010:226.
③ 杨应芹,诸伟奇.戴震全书:第6册[M].合肥:黄山书社,2010:226.
④ 佟大群.清代文献辨伪学研究:上册[M].北京:人民出版社,2013:312.
⑤ 杨应芹,诸伟奇.戴震全书:第6册[M].合肥:黄山书社,2010:626-627.

篆。今考此书之作，其创始当在建安十三年（208）以前，其成书不在黄初七年（226）以后。"①

七、辨伪《小尔雅》

《小尔雅》，又名《小雅》，是中国雅学史上第一部增广《尔雅》之作，是中国的第二部训诂专书。《小尔雅》成书较早，《汉书·艺文志》载有"《小尔雅》一篇，《古今字》一卷"②。然而《小尔雅》久已亡佚，现存的本子是从《孔丛子》第十一篇抄出别行，已经与《艺文志》所述不同。《小尔雅》全书十三篇，分别是广诂、广言、广训、广义、广名、广服、广器、广物、广鸟、广兽、广度、广量、广衡。涉及诂训的名物，共有三百七十四件，很多地方补充了《尔雅》的不足。关于《小尔雅》的作者，一说是后人纂辑而成书；第二种说法认为《小尔雅》是三国时魏国的王肃所伪造；第三种说法认为《小尔雅》是古小学之遗书而采入《孔丛子》的。

戴震认为《小尔雅》是后人伪托所作："《小尔雅》一卷，大致后人皮附掇拾而成，非古小学遗书也。"③戴震做此判断，首先是从《小尔雅》中所用的释字方法进行论证，他说："如云'鹄中者谓之正'，则正鹄之分未之考矣。'四尺谓之仞'，则筑宫仞有三尺，不为一丈，而为及肩之墙矣。'浍深二仞'，无异洫深八尺矣。"④对于这类"不胜枚举"的问题，戴震指出，其解释字义的方法，不符合汉代的习惯，"故汉世大儒不取以说经，独王肃、杜预及东晋梅赜奏上之古文《尚书》孔传，颇涉乎此"⑤。

戴震指出《小尔雅》系后人伪作的证据之二是，书中解释重量的术语，如果采用旧量之"豆、区、釜"与新量之"钟"相验证，则出现谬误："《广量》曰：'豆四谓之区，区四谓之釜'，本《春秋传》'四升为豆，各自其四以登于釜'之文……陈氏从而诡更之，釜登一区则八斗；区登一豆则二斗；豆登一升则五升；而钟实八斛。兹用旧量之豆、区、釜，

①杨应芹,诸伟奇.戴震全书:第7册[M].合肥:黄山书社,2010:268.
②(汉)班固.汉书.卷30[M].北京:中华书局,1962:1718.
③杨应芹,诸伟奇.戴震全书:第6册[M].合肥:黄山书社,2010:291.
④杨应芹,诸伟奇.戴震全书:第6册[M].合肥:黄山书社,2010:291.
⑤杨应芹,诸伟奇.戴震全书:第6册[M].合肥:黄山书社,2010:291.

用新量之钟，两法杂施，显相刺谬。"①

戴震认为《小尔雅》系伪书的理由之三是已经有人明确地说："《小尔雅》者，后人采王肃、杜预之说为之也。"②

八、辨析《易·十翼》

《易经》中《十翼》的作者，历来认为是孔子所著。如《史记·孔子世家》曰："孔子晚而喜《易》，序《彖》《系》《象》《说卦》《文言》。"③《隋书·经籍志》记载道："孔子为《彖》《象》《系辞》《文言》《序卦》《说卦》《杂卦》，而子夏为之传。及秦焚书，《周易》独以卜筮得存，惟失《说卦》三篇，后河内女子得之。"④《说卦》三篇即《说卦》《序卦》《杂卦》。然而从清初的经学大师朱彝尊开始怀疑《序卦》。戴震认为费直的《易》是"后人误读《儒林传》，乃赝作费氏《易》"⑤。进一步，戴震指出了作伪手法与过程是"省去《彖》《象》《系辞》之目，总以一'传'字加于《彖》《象》之首"，到了"武帝时，博士之业，《易》虽已十二篇，然昔儒相传，《说卦》三篇，与今文《太誓》同后出。《说卦》分之为《序卦》《杂卦》，故三篇词指，不类孔子之言，或经师所记孔门余论，或别有传述，博士集而读之，遂一归孔子，谓之'十翼'矣"⑥。同时，戴震澄清了历史上对"费氏改经"的误会："是十二篇，费氏未尝改也。……纷纷咎费氏改经，不察之论也。"⑦戴震考辨的《说卦》《序卦》《杂卦》等三篇非孔子所作的说法，是对《易》学基本问题之一的明确阐述，是《易》学入门的必备知识，在《易》学史上产生了巨大影响，是成为定论的重要发现。

① 杨应芹,诸伟奇.戴震全书:第6册[M].合肥:黄山书社,2010:291-292.

② 杨应芹,诸伟奇.戴震全书:第6册[M].合肥:黄山书社,2010:292.

③ (汉)司马迁.史记:卷47[M].北京:中华书局,1959:1937.

④ (唐)魏征.隋书[M].北京:中华书局,1973:912.

⑤ 杨应芹,诸伟奇.戴震全书:第6册[M].合肥:黄山书社,2010:223.

⑥ 杨应芹,诸伟奇.戴震全书:第6册[M].合肥:黄山书社,2010:223-224.

⑦ 杨应芹,诸伟奇.戴震全书:第6册[M].合肥:黄山书社,2010:223.

## 九、考辨《方言》非伪书

《方言》的全称是《輶轩使者绝代语释别国方言》，最早出现在东汉应劭的《风俗通义序》中，记载扬雄（公元前53—公元18年）是《方言》的作者，晋代常璩的《华阳国志·先贤士女总赞》中亦有与应劭所说相近的记载。自东晋郭璞为《方言》作注共十三卷之后，扬雄著《方言》的说法就盛行于世，但是在《汉书·艺文志》《汉书·扬雄传》中，均未著录有《方言》，因此宋代的洪迈在其《容斋随笔》中怀疑《方言》是汉、魏之间的好事文人之伪作："今世所传扬子云《輶轩使者绝代语释别国方言》，凡十三卷，郭璞序而解之……以予考之，殆非也……又书称'汝、颍之间'，先汉人无此语也，必汉、魏之际，好事者为之云。"①

对于此，戴震在晚年校定《方言》时，在所作的《方言疏证序》及《方言》所附刘歆与扬雄的两封往来书信的疏证中，明确指出《方言》非伪，确定是扬雄所作，并对洪迈的观点一一进行驳斥：

洪迈置疑的第一个理由是，班固在《汉书》扬雄本传中详细列出了扬雄的一生的著作，但并没有《方言》；《汉书·艺文志》也详细列出了扬雄的作品，亦不载《方言》。对此，戴震反驳道，扬雄的作品"溢于《雄传》及《艺文志》外者甚多"，如《谏不受单于朝书》《赵充国颂》《元后诔》等篇，不能据此"而轻置訾议"②。如果据此就说它们也都是后人所伪作，自然难以令人信服。又，班固的《汉书·艺文志》是根据刘歆的《七略》成篇的，刘歆在编《七略》时，《方言》尚未成书，"歆求之而不与，故不得入录"③，而这个情况班固是不知道的，故而《汉书》中没有《方言》。

洪迈又根据扬雄在《传》的《自序》中没说有《方言》一书，故而是伪书。戴震对此批驳指出，扬雄《传》文后所录《法言自序》之语，乃是扬雄自述作《法言》十三篇之意，而不是序列其全部著作，洪迈误解文义，这是洪迈读书不精而致，"未之审，又未考雄之文"④。

①（宋）洪迈.容斋随笔[M].昆明：云南人民出版社，2003：928-929.

②杨应芹，诸伟奇.戴震全书：第3册[M].合肥：黄山书社，2010：6.

③杨应芹，诸伟奇.戴震全书：第3册[M].合肥：黄山书社，2010：5.

④杨应芹，诸伟奇.戴震全书：第3册[M].合肥：黄山书社，2010：6.

洪迈的第二个理由是，扬雄在《答刘歆书》中"称'蜀人严君平'，按：君平本姓庄，汉显帝讳庄，始改曰'严'。《法言》所称'蜀庄沈冥，蜀庄之才之珍，吾珍庄也'，皆是本字，何独至此书而曰'严'"①。对此，戴震认为洪迈"不知本书不讳而后人改之者，多矣。此书下文'蜀人有杨庄者'，不改'庄'字"②，就是明证。

洪迈的第三个理由是，刘歆在《与扬雄书》中有"既云成帝时子骏与雄书，而其中乃云孝成皇帝，反复抵牾"③。戴震对此批驳指出，与刘歆书信题目混在一起的五十二个字，"不知何人所记，宋本已有之"④。刘歆写信给扬雄求观《方言》，应该是在"王莽天凤三四年间，未几而雄卒"⑤，因此"'汉成帝时'四字，系后人序入此二书者之妄"⑥，而洪迈竟然未经考证、不知此情就轻易置疑，"是轻执后人增入者之妄以疑古，疏谬甚矣"⑦。

洪迈还有质疑，即"子骏只从之求书，而答云：'必欲胁之以威，陵之以武，则绩死以从命也！'何至是哉？"⑧对此，戴震在《扬雄答刘歆书》的注中也做了解释："案：雄以其书未成未定为辞。时歆为莽国师，故雄为是言，绝其终来强以势求，意可见矣"⑨，并指出，洪迈"于知人论世，漫置不辨，而妄议不轻出其著述为非，亦不达于理矣"⑩。至于洪迈所说的"书称'汝、颍之间'，先汉人无此语也"⑪，戴震反问道："则书内举水名以表其地者多矣，何以先汉人不得称'汝、颍之间'邪？"⑫

戴震确定《方言》是扬雄所作的理由还在于，汉、魏、晋、隋、唐以来，只要谈及《方言》者，都直称扬雄《方言》，如果它是伪书，"岂应

① （宋）洪迈.容斋随笔[M].昆明:云南人民出版社,2003:929.

② 杨应芹,诸伟奇.戴震全书:第3册[M].合肥:黄山书社,2010:243.

③ （宋）洪迈.容斋随笔[M].昆明:云南人民出版社,2003:929.

④ 杨应芹,诸伟奇.戴震全书:第3册[M].合肥:黄山书社,2010:240.

⑤ 杨应芹,诸伟奇.戴震全书:第3册[M].合肥:黄山书社,2010:5.

⑥ 杨应芹,诸伟奇.戴震全书:第3册[M].合肥:黄山书社,2010:240.

⑦ 杨应芹,诸伟奇.戴震全书:第3册[M].合肥:黄山书社,2010:240.

⑧ （宋）洪迈.容斋随笔[M].昆明:云南人民出版社,2003:929.

⑨ 杨应芹,诸伟奇.戴震全书:第3册[M].合肥:黄山书社,2010:250.

⑩ 杨应芹,诸伟奇.戴震全书:第3册[M].合肥:黄山书社,2010:250.

⑪ （宋）洪迈.容斋随笔[M].昆明:云南人民出版社,2003:929.

⑫ 杨应芹,诸伟奇.戴震全书:第3册[M].合肥:黄山书社,2010:249.

劢、杜预、晋灼及隋、唐诸儒咸莫之考实邪?"①这句话是反问,如果《方言》是伪书,难道后世的应劢、杜预、晋灼及隋、唐诸儒都不如你洪迈而都考证不出来吗? 由上述可见,戴震的这些观点都很通达,对洪迈偏执一词的驳正是有力量的。

总之,戴震认为《方言》绝非伪书,洪迈所言是随意武断、妄下结论。戴震对《方言》的反伪归正,对坚定《方言》的地位无比重要,今天已明确《方言》是中国第一部汉语方言比较词汇集,它的问世表明中国古代的汉语方言研究已经由先前的萌芽状态而渐渐地发展起来。《方言》被誉为中国方言学史上第一部"悬之日月而不刊"的著作,在世界的方言学史上也具有重要的地位。《尔雅》《方言》《说文解字》构成了我国古代最著名的辞书系统。

十、考辨《大戴礼记》

《大戴礼记》,亦名《大戴礼》《大戴记》。前人根据唐朝孔颖达在《礼记正义序》中所引郑玄的《六艺论》记述有"戴德传《记》八十五篇,则《大戴礼》是也"②,多称其书成于西汉末期礼学家戴德(世称大戴)之手,谓戴德从《礼记》一百三十一篇中删节而成八十五篇。《隋书·经籍志》记载戴圣删戴德的《大戴礼记》八十五篇,成四十六篇,谓之《小戴礼记》。对于此种说法,清儒戴震、纪昀、洪业等均有反驳,认为这是妄说,戴震说道:"今是书传本卷数与《隋志》合,而亡者四十六篇。《隋志》言'戴圣删大戴之书为四十六篇,谓之《小戴记》',殆因所亡篇数,傅合为是言欤?其存者,《哀公问》及《投壶》,《小戴记》亦列此二篇,则不在删之数矣。他如《曾子大孝篇》见于《祭义》,《诸侯衅庙篇》见于《杂记》,《朝事篇》自'聘礼'至'诸侯务焉',见于《聘义》;《本命篇》自'有恩有义',至'圣人因教以制节'见于《丧服四制》。凡大、小戴两见者,文字多异,《隋志》以前,未有谓小戴删大戴之书者,则《隋志》不足据也。所亡篇目不存或两见,实多耳。然因《隋志》而知隋、唐间所存已仅三十九篇。"③

① 杨应芹,诸伟奇.戴震全书:第3册[M].合肥:黄山书社,2010:6.

② 李学勤.十三经注疏:第6册[M].北京:北京大学出版社,1999:9.

③ 杨应芹,诸伟奇.戴震全书:第6册[M].合肥:黄山书社,2010:238-239.

戴震在这段文字中提出了三点证据：第一，《礼记》中亡佚的四十六篇与《隋书·经籍志》中戴圣删戴德的八十五篇为四十六篇的记载完全吻合，戴震认为这是作伪者的有意牵合。第二，如果戴圣完全不取戴德选中的八十五篇而用另外的四十六篇，那么为何《哀公问》《投壶》二篇，大、小《戴记》都有？第三，《曾子大孝》篇见于《祭义》等，大、小《戴记》中多处有内容相近、"文字多异"的情况。根据这些证据，戴震认为《隋书·经籍志》中"小戴删大戴"的说法是附会而来，其书自然也就是赝托的伪书。今天，现代学者经过深入研究，已认定《大戴礼记》的成书时间应在东汉中期，它应该是当时大戴后学者们为传习《士礼》（即今《仪礼》的前身）而编定的参考资料汇集。

十一、考辨天文类伪书

戴震负责撰写《四库全书总目》中子部天文类书的《提要》。在这些《提要》中，戴震也指出了一些天文类伪书，如：

《甘石星经》一卷，原题汉代甘公、石申撰。《提要》明斥其伪，曰："《隋书·经籍志》石氏《星簿经赞》一卷，《星经》二卷，甘氏《四七法》一卷，是书卷数虽与《隋志》合，而多举隋唐州名，必非秦汉间书也。"①

《步天歌》七卷，旧题隋丹元子撰，疑伪。《提要》云："（郑）樵《天文略》全采此歌，故推之甚至。然丹元子为隋人，不见他书，不知樵何所据。使果隋时所作，不应李淳风不知其人，《隋书·经籍志》中竟不著录，至《唐书》乃称王希明也……《唐志》《文献通考》并称一卷，而此本乃有七卷，其为后人所窜乱审也！郑樵亦称'世有数本，不胜其伪'。或即其一也。"②

《星象考》一卷，宋邹淮撰，疑伪。《提要》曰："后有魏了翁跋，称'淮以进士提领造历所，演算历书，其所撰载如此'云云，考陈振孙《书录解题》载'《天文考异》二十五卷，昭武布衣邹淮撰。大抵袭《景祐新书》之旧。淮后入太史局。'今此书仅四页，似从《天文考异》中录出，而别题此名。又《书录解题》既称淮为昭武布衣，而了翁跋又称为进士，

① 纪昀.四库全书总目提要:第3册[M].石家庄:河北人民出版社,2000:2745-2747.

② 纪昀.四库全书总目提要:第3册[M].石家庄:河北人民出版社,2000:2745-2747.

亦相抵牾，殆书贾之所伪托也。"①

对于《四库全书总目提要》中所明斥或怀疑的伪书，梁启超如此断定："《四库提要》为官书，间不免敷衍门面，且成书在乾隆中叶，许多问题或未发生，或未解决。总之，《提要》所认为真的，未必便真；所指为伪的，一定是伪。"②由此可见，戴震在《四库全书总目提要》中，对天文类古籍所作的辨伪、考证，是有一定道理的。

---

① 纪昀.四库全书总目提要：第3册[M].石家庄：河北人民出版社,2000：2745-2747.
② 梁启超.中国近三百年学术史[M].北京：东方出版社,2004：283.

# 第三章　戴震在古文献学上的成就

## 第一节　戴震在古文献语言解释学方面的成就

文字、音韵、训诂是对古文献进行语言解释的三个主要手段。在我国传统古文献学中，语言学被称为小学，含文字、音韵、训诂，受到历代学者的重视。汉、唐学者多兼小学家，即使宋、明学者也是如此。到清代乾嘉时期，小学研究不仅受到前所未有的重视，而且在考据学研究中起着先导的作用。清儒以小学音训为治经之途径，大多走的是"音训字""字释词""词通经"的路线。戴震也是如此，他作为考据大师，精字韵，通音声，明训诂，在古文献语言解释的文字、音韵、训诂方面达到相当高的科学水平，从而促成了我国18世纪空前发展的古文献语言解释学的到来。

一、戴震在文字学方面的成就

（一）戴震的文字学实践成就

戴震治学，首重小学，他说："自昔儒者，其结发从事，必先小学。小学者，六书之文是也。"①在实际治学中，戴震首先重视对《尔雅》《方言》《说文》等字书的研究。

乾隆十年（1745），二十三岁的戴震撰成《六书论》三卷，这是他一生中最早的语言文字学著作。《六书论》在1814年左右段玉裁著《戴东原先生年谱》时就已经失传，现在仅存《六书论序》，由此序可获知全书的大致情况，即此书是对汉以来诸家言文字六书者的学说进行考辨以正其谬："故考自汉以来迄于近代，各存其说，驳别得失，为《六书论》三

---

① 杨应芹,诸伟奇.戴震全书:第6册[M].合肥:黄山书社,2010:292.

卷。"①

在1745至1763年间，戴震曾撰《答江慎修先生论小学书》一文，是对汉字"六书"阐释的权威性论文。论文中提出文字六书的构成是"四体二用"，即指事、象形、形声、会意是字之"体"，而转注、假借是字之"用"。戴震从两个不同层面性质上把六书划分为造字的四种结构类型和用字的两种功能类型，这就使我们对文字体系有了一个新的认识。此外，戴震在文章中着重将六书中的"转注"说解释成词义互训，纠正了自汉代以来对六书"转注"近二千年的种种误说，一扫前人的聚讼纷纭，为其弟子及后世很多学者所认可和采用。

戴震在文字学实践方面的成就，更多地体现在他整理古籍时对古文字所做的大量的精细准确地考订、注解、辨析、阐述等等，在此难以一一例举，仅举一例如下：

在《经考附录》中，对于假借，戴震认为"假借者，本无其字，而假他字以寄是名者也。或两名声同，则为同声之假借；或两名声微异，则为转声之假借"②。对于此，他解释说："字书主于训诂，韵书主于音声，然二者恒相因。音声有不随诂训变者，则一音或数义；音声有随诂训而变者，则一字或数音。大致一字既定其本义，则外此音义引伸，咸六书之假借。其例或义由声出，如'胡'字，惟《诗》'狼跋其胡'，与《考工记》'戈胡''戟胡'用本义。至于'永受胡福'，义同'降尔遐福'，则因'胡''遐'一声之转，而'胡'亦从'遐'为远。'胡不万年''遐不眉寿'又因'胡''遐''何'一声之转，而'胡''遐'皆从'何'。又如《诗》中曰'宁莫之知'，曰'胡宁忍予'，曰'宁莫我听'，曰'宁丁我躬'，曰'宁俾我遁'，曰'胡宁瘨我以旱'，'宁'字之义，传《诗》者失之。以转语之法类推，'宁'之言'乃'也。凡训诂之失传者，于此亦可因声而知义矣。或声同义别，如蜥易之'易'，借为变易之'易'；象犀之'象'，借为象形之'象'。或声义各别，如户关之'关'，为关弓之'关'；燕燕之'燕'，为燕国之'燕'。六书假借之法，举例可推。"③从戴震所举的例子中可以看出，他已能自觉地把广义的假借与狭义的假借区别

①杨应芹,诸伟奇.戴震全书:第6册[M].合肥:黄山书社,2010:293.

②杨应芹,诸伟奇.戴震全书:第2册[M].合肥:黄山书社,2010:375.

③杨应芹,诸伟奇.戴震全书:第3册[M].合肥:黄山书社,2010:338-339.

开来，可见其对古文字考订、字义辨析的精确。

(二)戴震的文字学思想

1.治经先得识字

读书、治经，首先得认识字。戴震自幼读书，就有十分重视识字的好习惯。据段玉裁在《戴东原先生年谱》中记载，塾师取近代的字书和汉代许慎的《说文解字》授之，"先生大好之，三年尽得其节目。又取《尔雅》《方言》及汉儒传、注、笺之存于今者，参伍考究，一字之义，必本六书，贯群经以为定诂，由是尽通前人所合集《十三经注疏》，能全举其辞"①。在这里，段玉裁叙述了戴震识字的历程及重视识字的态度，也说明了皖派学者以文字学为基点的缘由，诚如戴震自己所说："治经之儒，先欲识字"②；"自昔儒者，其结发从事，必先小学。"③小学，本就是缘于幼童入小学认字、识字而得名，所以传统语文就把小学称作文字之学。读书、治经首先得认识字，正是文字观的应有之义。反之，如果不识字，则难以读书、治经、闻道，所以戴震又说道："夫今人读书，尚未识字，辄目故训之学不足为。其究也，文字之鲜能通，妄谓通其语言；语言之鲜能通，妄谓通其心志；而曰傅合不谬，吾不敢知也。"④

2.通经须考字义

弄懂每个汉字的字义，是明白词义、看懂语句、读通篇章的基础。汉字字义有其自身的规律。戴震除对汉字的形、音有他的创见外，在字义方面也有他的正确见解，他说："治经先考字义，次通文理……有一字非其的解，则于所言之意必差，而道从此失。"⑤这个见解是符合人们的常识的。因为对字义的确定，不仅要结合考察该字所在的经文内容，研究其语言环境，并且还要考察它在群经中的运用及字书中的说解，以保证解释的准确可靠。治经、通经先考字义是戴震汉字字义学的出发点，并成为皖派学者治文字学的基点。

进一步，戴震十分注重汉字的本义、古义。戴震曾精辟地论述道：

① 杨应芹,诸伟奇.戴震全书:第7册[M].合肥:黄山书社,2010:134.
② 杨应芹,诸伟奇.戴震全书:第6册[M].合肥:黄山书社,2010:384.
③ 杨应芹,诸伟奇.戴震全书:第6册[M].合肥:黄山书社,2010:292.
④ 杨应芹,诸伟奇.戴震全书:第6册[M].合肥:黄山书社,2010:274-275.
⑤ 杨应芹,诸伟奇.戴震全书:第6册[M].合肥:黄山书社,2010:478.

"求所谓字,考诸篆书,得许氏《说文解字》,三年知其节目,渐睹古圣人制作本始。又疑许氏于故训未能尽,从友人假《十三经注疏》读之,则知一字之义,当贯群经,本六书,然后为定"①;"此皆掇拾之病。其解释《诗》《书》,缘词生训,非字义之本然者,不一而足。"②这里所谓的"制作本始""字义之本然",都是指汉字的本义或古义。本义、古义是汉字字义学上的两个名词。汉字的本义是就造字之始而言,本义是指一个字最初创立时所表达的意思。随着语言的发展,需要表达的意思越来越多,但又不可能一一造出新字来表达,于是就使用原有意思相近(也有音、形相近)的字来表达新的内容,从而就有了字的本义和衍生义。汉字的古义是以今视古而言,古义是指一个字在古代所表达的意思,今天一般不再具有这个意思了。古义可以是本义,但不一定必须是本义。只有真正弄清字之本义、古义,才能读懂古书、通晓经典,所以戴震十分重视字的本义、古义,强调应该根据古籍、故训,并密切结合古人属词之法,进行推求,而勿为株守,更切忌凿空,也就是引文中所说的"一字之义,当贯群经,本六书,然后为定"。

### 3.以字通词,以词通道

戴震研究古籍的文字学,其目的在于以字通词(辞),以词通道。对字、词的解释是手段,是为最终通道服务的。通道就是探求典籍中的微言大义,从而通晓义理、道理,逐步达到洞察人类的心智,此即他所说的:"经之至者,道也;所以明道者,其词也;所以成词者,未有能外小学文字者也。由文字以通乎语言,由语言以通乎古圣贤之心志"③;"是故由六书、九数、制度、名物,能通乎其词,然后以心相遇。"④由此可以看出,戴震主张尊重语言的差异性,回归"义理典章"于六经的语言中,而不是在形而上的"性理"中求道。这正是一种语言解释的真正方式。将上述戴震的"程序"反而言之的话,戴震的方法就是欲求道,必先回归文本(经书),接着把"词"这一语言单位再进一步细分,还原至表记的最小单位即"字",然后再考察构成"字"内部要素的音、形、义。

① 杨应芹,诸伟奇.戴震全书:第6册[M].合肥:黄山书社,2010:368-369.

② 杨应芹,诸伟奇.戴震全书:第3册[M].合肥:黄山书社,2010:335.

③ 杨应芹,诸伟奇.戴震全书:第6册[M].合肥:黄山书社,2010:376.

④ 杨应芹,诸伟奇.戴震全书:第6册[M].合肥:黄山书社,2010:405.

戴震著《六书论》，其研究六书（所谓"六书"，指的是"象形、指事、谐声、会意、转注、假借"这六个有关汉字字形的结构以及汉字用法的考察要素）的终极目的是为了注解古文献。他说道："六书也者，文字之纲领，而治经之津涉也。载籍极博，统之不外文字；文字虽广，统之不越六书。纲领既违，讹谬日滋。"①可见，戴震认为文字不外乎有六书，而六书是文字的纲领，是统率文字的，脱离六书之纲领，就会滋生许多语言文字方面的讹误。因此要以六书为基本纲领来统率众字，对古代汉字，"凡所不载，智者依类推之，以拾遗补艺，将有取乎此也"②。

进一步，戴震指出，通过六书所统率的文字可以认识词（辞），继而"以词通道"，但是汉代以后，许多人在六书问题上出现错误，原因就在于不明白古人造字之本意（原本的道义、道理、义理、心意、心智等），此即他所说的："厥后世远学乖，罕睹古人制作本始。"③如南唐徐锴把谐声看作"最为浅末者"④，就是不明"制作本始"。

由上可知，戴震的文字学根本思想，就是他将文字视作符号系统，以单个的字、词（辞）通道，进而以对字、词、词汇、概念的解释来阐发自己所理解的道义、道理、义理、心意、心智等等。

## 二、戴震在音韵学方面的成就

### (一)戴震的音韵学实践成就

要明道通经，必从识字审音开始。戴震自小读书时就注重古音、古韵的研究，取《说文解字》《尔雅》《方言》等贯群经以为定诂。

乾隆十年（1745），戴震撰成《六书论》三卷（今已亡佚），书中批评南唐徐锴轻视谐声，主张转注就是互训，表明戴震此时已对音韵学初有建树。

乾隆十二年（1747），戴震著成《转语二十章》，此书今已亡佚，仅存《转语二十章》的自序。此书是戴震对上古声母系统的研究以及根据义附于音原则而探求的由声音求训诂（即声训、音训）之书。这显示出戴震对

---

① 杨应芹,诸伟奇.戴震全书:第6册[M].合肥:黄山书社,2010:293.
② 杨应芹,诸伟奇.戴震全书:第6册[M].合肥:黄山书社,2010:293.
③ 杨应芹,诸伟奇.戴震全书:第6册[M].合肥:黄山书社,2010:293.
④ 杨应芹,诸伟奇.戴震全书:第6册[M].合肥:黄山书社,2010:293.

声韵已有了一定的认识。

乾隆十七年（1752），戴震考证古音的著作之一《屈原赋注·音义》三卷撰成，至乾隆二十五年（1760），《屈原赋注·音义》最后修订完毕而付之刊刻。

戴震的《读淮南子洪保》作于乾隆二十一年（1756），文中显示出戴震对前人的古音学说尤其是顾炎武的古音学已有初步的研究。

乾隆三十八年（1773）春，戴震在主讲金华书院时，寓居浙东，研究顾炎武的《诗本音》，补充顾氏不足部分，并分古韵为七类。

戴震在音韵学方面的实践成就，最主要地体现在他所著的《声韵考》四卷、《声类表》九卷。《声韵考》是戴震将乾隆二十八年（1763）至乾隆三十八年（1773）左右间所撰写的音韵学论文辑录成书，共大小论文十六篇，大多数是研究《广韵》以及和《广韵》相关诸韵书的文章。该书共分四卷：卷一的上半部分论反切之始，韵书之始，四声之始；下半部分及卷二，论隋陆法言的《切韵》、宋祥符的《广韵》、宋景德的《韵略》、宋景祐的《礼部韵略》、宋宝元的《集韵》；卷三为全论古音之作，其论韵之旨，主陆法言的"古人韵缓，不须改字"之说，分古韵为七类二十部；卷四则附以杂论音韵之文六篇。《声韵考》学术价值高、影响大，在它付印之前就被京都人士竞相传抄，付印之后又被多次翻刻。该书已概括了现代音韵学主要涵盖的"等韵学""广韵学""古音学"，并以深邃的考证、精细的审音而论述了韵书的结构与源流，在当时可说是一部具有创见性的音韵学著作，故而能引起当时及后来学者的高度重视。诚如段玉裁评价此书曰："凡韵书之源流得失，古音之由渐明备，皆隐括于此。"①

《声类表》是戴震在乾隆四十二年（1777）五月所著的绝笔之作。这是一部以等韵图的形式来研究上古音的著作，该书共九卷，分古韵为九类，是戴震考古审音的结晶之作。戴震的《声类表》晚于段玉裁的《六书音韵表》而成，是在段之理论基础上的进一步发展。其最主要的发展有：其一是将段氏的"脂"部再剖析，立"祭泰夬废"一部，此部有去声而无平上；其二是将"缉合"以下九韵另为一部，此部有入声而无上去。对此发展，梁启超评价道："盖四声之分，本起六朝，古人无此。戴氏分部，

---

① 杨应芹,诸伟奇.戴震全书:第7册[M].合肥:黄山书社,2010:155.

不限平声，是其通识。其余入声之分配各部，亦颇有异同。"①可惜书稿完成时没有撰写书序与例言，加上所作的韵图和所用的术语与通行的等韵不同，从而使后人很难明白作者的著书意图。通观全书，可知它实际上是一部体现汉语古今方国语音流变通转规律的等韵图。孔继涵于微波榭刻印此书时，将戴震死前一年所著的《答段若膺论韵》一文列为《声类表》之卷首，该文将古韵定为九类二十五部，体现了戴震古韵分部的最主要成就。

（二）戴震的音韵学理论

在古音研究史上，戴震是审音派的重要代表之一。所谓审音，就是在考古的基础上，依据宋、元等韵学的音理，对古音的整个系统及分合情况作出判断。审音派的优点，不仅是用了一种新的研究方法，而且把入声独立出来了，因此他们的结论都按阴、阳、入三声排列，从而揭示出了上古韵部的完整系统。属于审音派的古音学家，还有江永、刘逢禄、钱玄同、黄侃等人。

戴震在古音研究中的最大贡献就是揭示出了上古韵部的完整系统。他把入声韵独立出来，并与阴声韵与阳声韵一一配对，这不但勾画出了上古韵部的完整系统，而且揭示出了各部之间的关系。

在《声类表》中，戴震把古代音的韵尾分为九类二十五部，即阿、乌、垩、膺、噫、亿、翁、讴、屋、央、夭、约、婴、娃、厄、殷、衣、乙、安、霭、遏、音、邑、醃、叶。这其中，垩、亿、屋、约、厄、乙、遏、邑、叶等九个韵独立成部，为入声韵。在此基础上，戴震创立了阴、阳、入通转的学说：阴声韵与阳声韵可以对转，而入声韵是韵类通转的枢纽，即阳声韵与阴声韵共同配合于入声韵（阴声韵指没有韵尾或以元音为韵尾的韵，阳声韵指以鼻音 m、n、ng 为韵尾的韵，入声韵指以塞音 p、t、k 为韵尾的韵），他称之为"其前昔无入者，今皆得其入声，两两相配，以入声为相配之枢纽"②。戴震在术语上尚未使用阴声韵和阳声韵，只是沿用他的老师江永的"有入"（指阳声）、"无入"（指阴声）的说法（见江永的《四声切韵表·凡例》），戴震说："仆审其音，有入者如气之阳，如物之雄，如衣之表；无入者如气之阴，如物之雌，如衣之里。又平上去三声近乎气之阳、物之雄、衣之表，入声近乎气之阴、物之雌、衣之

---

① 梁启超.中国近三百年学术史[M].北京:东方出版社,2004:243.

② 杨应芹,诸伟奇.戴震全书:第3册[M].合肥:黄山书社,2010:349.

里。故有入之入与无入之去近,从此得其阴阳、雌雄、表里之相配。而侵以下九韵独无配,则以其为闭口音,而配之者更微不成声也。"①

由此可见,戴震对音理有深刻认识,某些见解高于他人。他提出的以入声配阴阳,是继承但更是进一步发展了江永的观点和方法。音韵学史上,按照阴、阳、入三声来安排韵部并明确阴、阳、入三声相配,戴震实开先河,也是他的一个巨大贡献。后来孔广森、章炳麟等阐发的"阴阳对转"的理论,其根源即来自戴震的阴、阳、入三声相配的创见。戴震的古韵学新说虽不是完美无缺,确实有许多欠缺与错误而有待后人发掘、完善,却是古音学史上重要的发明和巨大的贡献之一,诚如王国维评价之为自明代以来古韵学的一大发明:"自明以来,古韵学之发明有三:一为连江陈氏古本音不同今韵之说;二为戴氏阴阳二声相配之说;三为段氏古四声不同今韵之说……"②

戴震还探索了从上古到中古韵部演变的某些规律。他说:"支、佳韵字虽有从歌、戈流变者,虞韵字虽有从侯、幽流变者,皆属'旁转',不必以例'正转'。其'正转'之法有三:一为转而不出其类,脂转皆,之转咍,支转佳,是也;一为相配互转,真、文、魂、先转脂、微、灰、齐,换转泰,咍、海转登、等,侯转东,厚转讲,模转歌,是也;一为联贯递转,蒸、登转东,之、咍转尤,职、德转屋,东、冬转江,尤、幽转萧,屋、烛转觉,阳、唐转庚,药转锡,真转先,侵转覃,是也。以正转知其相配及次序,而不以旁转惑之;以正转之同入相配定其分合,而不徒恃古人用韵为证。仆之所见如此。"③戴震"正转"中的"相配互转",实际上就是后来所谓的"阴阳对转";"联贯递转"就是后世的"旁转";"转而不出其类"严格说来也可以归于"旁转"一类。可见,"阴阳对转"和"旁转"的理论,实际上都是戴震提出来的。戴震指出,这三类"正转"仅仅是个别现象,并非整类韵部都是这样。"正转"存在于不同时代的语音流变之中,也见于方言,因而不属于同一语音系统,此即他所说的:"音有流变,一系乎地,一系乎时。"④可见,戴震关于"正转"的看法是

---

① 杨应芹,诸伟奇.戴震全书:第3册[M].合肥:黄山书社,2010:353.

② 王国维.观堂集林:第2册[M].北京:中华书局,1959:348.

③ 杨应芹,诸伟奇.戴震全书:第3册[M].合肥:黄山书社,2010:354-355.

④ 杨应芹,诸伟奇.戴震全书:第3册[M].合肥:黄山书社,2010:317.

非常正确的。

戴震在吸收前人的研究成果基础上，除了勾画出上古韵部的完整系统外，还重视从发音部位和方法上对古声母进行研究，其研究成果多发前人所未发。《转语二十章》就是将上古声母区分为二十类，即二十位"古声流转说"。

所谓转语，其实就是因时间、空间或其他因素的不同，而语音按一定规律转变的词，并进而包括那些利用此音变规则来创造新词、新字的现象。转语与被转语指的是同一事物。由于方言不同是最主要的因素，因此同源方言词占据着转语的重要内容。

转语之说最早见于西汉末年扬雄的《方言》，对于那些义同音变的不同方言区的语词，扬雄则以"转语""语之转"解释。东晋郭璞注《方言》又发扬此说，用以阐释两汉至魏晋之间语词的变化。《尔雅》《方言》《释名》三书，虽多有示例性的说明，但没有建立语音的通转规则，故大多是臆说。

戴震借用扬雄的"转语说"，试图构建一个秦汉时期古音和今音、通语和方言流变的声转模式，所定声类二十位就是他这一理论模式的具体体现。戴震在唐宋三十六字母表的基础上，按唇、舌、齿、吻（今一般称"牙"）、喉音分为五大类（戴震称大类为大限），每大类各按发音方法分为发、送、内收、外收四小类（戴震称小类为小限），故而五大类共二十小类组成二十章，来与韵部配合，进而定汉字古音义的通同性。戴震的《声类表》只见韵部，却无字母标列，而根据《声类表》中声母排列的实际情况，结合《转语二十章序》，可列一个声母二十位的纵式排列表，从而将三十六字母分为二十章。虽然他在《转语二十章序》中并未逐一列出二十位，但其中列举的例子与他晚年（1777）撰著的《声类表》之中的声纽二十位顺序完全一致，因此，可以认为《声类表》的声纽系统就是《转语二十章》的声纽系统。由于《转语二十章》同《声类表》无论在清浊、类别、章次以及声韵之位置方面皆相符合，故二者看似不同，实际上却大致相同。所以说，在当时条件下，戴震试图用这种方式将声与韵结合、语源与流变结合、音韵与训诂结合探讨，以达到其"各从乎声，以原其义"①的目的。

"同位"与"位同"这两个概念，是戴震古声流转模式赖以建立的两根支柱。戴震按照发音部位分声母为五类，属于同一类的声母叫"同位"；每类之中按照发音方法又分四类，发音方法相同的声母叫做"位同"。例如，"尔、女、而、戎、若，谓人之词"，声母都是日母，从发音部位来看，属于"同位"，"而、如、若、然"与此相同。又如"台、余、予、阳，自称之词"，声母都是喻母；"吾、卬、言、我，亦自称之词"，声母都是疑母。喻母和疑母的发音方法皆属于次浊，属于"位同"。

《转语二十章序》说："凡同位为正转，位同为变转。"②发音方法近同而发音部位有别的同类声纽之间相互流转称之为正转，即同一大类中大限相同，故得相转称同位正转；发音方法近同而发音部位有别的声纽之间相互流转称之为变转，即大类不同但章次之位置相同称位同，位同则声变而通，故得相转称位同变转。戴震又说："凡同位则同声，同声则可以通乎其义。位同则声变而同，声变而同则其义亦可以比之而通。"③所谓"同声""声变而同"，主要是指发音部位即唇、舌、齿、吻、喉音五大类的相同。

戴震在《转语二十章序》中举证古代词语的音义可通以后，进一步认为，"用是听五方之音及少儿学语未清者，其展转讹混，必各如其位。斯足证声之节限位次，自然而成，不假人意厝设也"④。由此可见，戴震颇为自得，认为这个模式不仅可以明古语之音、义沟通，还可以证方言之差异、儿童学习语言之发音。

戴震在乾隆十二年（1747，时24岁）写作《转语二十章》的时候，就认真考虑语言在实际运用过程中所发生的各种音转现象，并打算提炼出一种合适的理论将这样的现象统贯起来，于是戴震想到了给声母排定位次的方法，尽管还不十分成熟。在以后的著作中，包括《屈原赋注》《诗补传》《杲溪诗经补注》《毛郑诗考正》《尚书义考》《论韵书中字义答秦尚书》《方言疏证》《孟子字义疏证》等等，他都能经常运用转语来解释语言

①杨应芹,诸伟奇.戴震全书:第6册[M].合肥:黄山书社,2010:302.

②杨应芹,诸伟奇.戴震全书:第6册[M].合肥:黄山书社,2010:303.

③杨应芹,诸伟奇.戴震全书:第6册[M].合肥:黄山书社,2010:303.

④杨应芹,诸伟奇.戴震全书:第6册[M].合肥:黄山书社,2010:303.

中的音转现象。

《方言》中的转语术语有"转语""语之转""语声转""某声之转""语转""声转"等多种提法，戴震没有照搬，他使用的术语主要是"语之转""一声之转""声义通""声义相迹""语之通转"和"语之变转"。

到了晚年，在不断地探索之后，戴震对古韵的认识已趋于明朗，这从他在乾隆四十一年（1776）所著的《答段若膺论韵》一文中可以看出，所以他开始考虑将声转和韵转结合起来而同时在一张表中反映出来。经过临终前五天的艰苦填制，体现这一意图的《声类表》终于问世了。《声类表》是戴震在对古声母思考的基础上，又结合自己对古韵的独特思考（将古韵分为九大类二十五部）而填制出来的。《声类表》中只出现韵部，未出现声母，可能是因为戴震晚年主要在思考古韵的分部而对声母的思考在早年就已经大致完成的缘故。由此可见，《声类表》中融进了戴震的转语理论，但还不能说它与《转语二十章》完全等同。

戴震的古声流转模式是音韵学史上的第一个理论模式。其后章太炎的《古双声说》（1907）、傅东华的《汉语声纽变转之定律》（1941）和黄焯的《古今声类通转表》（1983），都是继承、发扬戴震的古声流转模式理论，从而形成了上古声纽研究中的流转派。

### 三、戴震在文献训诂学方面的成就

训诂，也叫"训故""诂训""故训""古训"。训诂就是解释的意思，即用易懂的语言解释难懂的语言，用现代的语言解释古代的语言，用普通话解释方言。它是与文字学、音韵学互相并列的以研究语义为主要内容的传统语言文字学的一个独立的门类。

戴震作为清代考据大师、小学巨擘，在文献训诂学方面也是颇有建树。虽然他在训诂实体文献方面只有专著《方言疏证》，但是他首先提出了训诂学上的一些重要思想及方法论，这是戴震对文献训诂学更有价值的贡献。这些理论主要有：

(一)训诂明则经学明

训诂明则经学明，这是戴震训诂理论的基石，他对此曾反复论述过。

《六书音韵表序》中说："故训明，六经乃可明。"①《题惠定宇先生授经图》中也说："训故明则古经明，古经明则贤人圣人之理义明。……训故非以明理义，而训故胡为？"②由此可以看出，戴震强调了训诂的重要性，即要读懂古经书，必须通晓训诂。只有通过正确的训诂，才能经学明，也才能了解古书中的义理，而不是先假设古书中有什么义理，再牵强附会地把古书中的词语解释得符合这个义理，即他所说的："经之至者，道也；所以明道者，其词也；所以成词者，未有能外小学文字者也。由文字以通乎语言，由语言以通乎古圣贤之心志，譬之适堂坛之必循其阶，而不可以躐等。"③牵强附会也就是戴震所说的缘词生训，这必然导致迷误："诗词相比次，上下可推至其字义，推之经中有通证，庶少差失。说者往往缘词生训，偏举一隅，惑滋多于是矣。"④

在指明训诂功用的同时，戴震又批判轻视训诂的错误倾向，特别批评了宋、明以来空谈义理、轻视训诂的凿空的弊病。戴震说："夫今人读书，尚未识字，辄目故训之学不可为，其究也，文字之鲜能通，妄谓通其语言；语言之鲜能通，妄谓通其心志；而曰傅合不谬，吾不敢知也。"⑤进而他又说："宋儒讥训诂之学，轻语言文字，是犹渡江河而弃舟楫，欲登高而无阶梯也。为之卅余年，灼然知古今治乱之源在是"⑥；"后儒语言文字未知，而轻凭臆解以诬圣乱经，吾惧焉。"⑦在《郑学斋记》中，他说："后儒浅陋，不足知其贯穿群经以立言，又苦《义疏》繁芜，于是竞相凿空。"⑧又《古经解钩沈序》中曰："古人之小学亡，而后有故训，故训之法亡，流而为凿空。数百年以降，说经之弊，善凿空而已矣。"⑨

进一步，戴震抨击了宋儒轻视训诂的弊端："是故凿空之弊有二：其一，缘词生训也；其一，守讹传谬也。缘词生训者，所释之义，非其本

---

①杨应芹,诸伟奇.戴震全书:第6册[M].合肥:黄山书社,2010:382.

②杨应芹,诸伟奇.戴震全书:第6册[M].合肥:黄山书社,2010:498.

③杨应芹,诸伟奇.戴震全书:第6册[M].合肥:黄山书社,2010:376.

④杨应芹,诸伟奇.戴震全书:第1册[M].合肥:黄山书社,2010:648-649.

⑤杨应芹,诸伟奇.戴震全书:第6册[M].合肥:黄山书社,2010:274-275.

⑥杨应芹,诸伟奇.戴震全书:第6册[M].合肥:黄山书社,2010:531.

⑦杨应芹,诸伟奇.戴震全书:第6册[M].合肥:黄山书社,2010:382.

⑧杨应芹,诸伟奇.戴震全书:第6册[M].合肥:黄山书社,2010:404-405.

⑨杨应芹,诸伟奇.戴震全书:第6册[M].合肥:黄山书社,2010:375.

义；守讹传谬者，所据之经，并非其本经。"①用现代的语言来说，"缘词生训"，就是根据作者的主观理解，对古籍中的一些字、词、语句做随意性解释，而不是古籍所处时代的文字、词汇、语句的本来涵义。"守讹传谬"，即是对典籍的版本问题研究不透，据伪经来释义，有拉大旗作虎皮的意味。戴震的意图很明确，那就是不要使古籍语言解释学的研究陷入主观化的臆想之中，而要力求通过文字、词汇、语言的工具，使得后人对古代经典中所蕴含的高深哲理的解释具有实证性，从而保证对古文献训诂、释义的客观性与科学性，以力求在历史的客观情境中理解古代圣人真正的微言大义。

### （二）训诂起源于疏通异言、解释疑义

戴震指明了训诂产生的原因在于古今、各地异言以及古书疑义情况的存在。他在《尔雅文字考序》中说："古故训之书，其传者莫先于《尔雅》，六艺之赖是以明也。所以通古今之异言，然后能讽诵乎章句，以求适于至道。刘歆、班固论《尚书》古文经曰：'古文读应《尔雅》解古今语而可知。'盖士生三古后，时之相去千百年之久，视夫地之相隔千百里之远无以异。昔之妇孺闻而辄晓者，更经学大师转相讲授，而仍留疑义，则时为之也。"②

《古经解钩沈序》中他又说："士生千载后，求道于典章制度而遗文垂绝。今古悬隔，时之相去殆无异地之相远，仅仅赖夫经师故训乃通，无异译言以为之传导也者。"③文中指出"时之相去""地之相隔"，即时间的流逝、空间的阻隔，造成了古今、各地异言以及古书疑义情况的出现，导致以前妇孺皆知的语义，现在虽经大师讲授但仍留疑义。

由上可知，戴震用历史唯物主义的观点论述了文献训诂学的缘起，指出了训诂起源于古今、各地异言以及古书疑义。诚然，古今、各地异言以及古书疑义是由时间、空间两大因素造成的。古今异言，在古为常语，而后人不知，所以要加以解释；地域相隔，在此地为常语，而彼地人不知，所以要加以疏通。所以异言，因"时之相去""地之相隔"而发生疑义是极自然的。古人语言文字与今人语言文字有异、各地方言不尽相通，为了

---

① 杨应芹,诸伟奇.戴震全书:第6册[M].合肥:黄山书社,2010:376.

② 杨应芹,诸伟奇.戴震全书:第6册[M].合肥:黄山书社,2010:273.

③ 杨应芹,诸伟奇.戴震全书:第6册[M].合肥:黄山书社,2010:375.

要疏通古今、各地异言及解释古书疑义，训诂学便因此而产生。

(三)探索"转语"说

乾隆十二年（1747），戴震写成《转语二十章》，此书今佚，今《戴震全书》第6册《东原文集》卷四中存有《转语二十章序》。从序中可知此书是由声音求训诂（即声训、音训）之书："人之语言万变，而声气之微，有自然之节限。是故六书依声托事，假借相禅，其用至博，操之至约也……今别为二十章，各从乎声，以原其义。夫声自微而之显，言者未终，闻者已解，辨于口不繁，则耳治不惑。入口始喉，下抵唇末，按位以谱之，其为声之大限五，小限各四，于是互相参伍，而声之用盖备矣……凡同位则同声，同声则可以通乎其义。位同则声变而同，声变而同则其义亦可以比之而通。"① 对此书，梁启超评价道："此书专由声音以究训诂，为戴氏独得之学。"②

戴震从扬雄的《方言》里摄取"转语"之意，发展成"转语"说（转语指音近义通的同义词），其说有三大原则：

其一为贯彻历史比较原则。本来音与义在造字之初，并无绝对联系，但经过发展，不同时代、地域却生成语音相同、意义相通的同源词，扬雄称之为"语转"，郑玄称之为"声转"，戴震更进一步，明确地以江永的古音、方音对应演变说为原则，并综合比较历史上各种说法来阐明自己的学说。

其二为贯彻体系原则。西汉扬雄仅有"转语"的示例说明，东汉刘熙的《释名》只对语词做逐一的音训。戴震已明白语言是一个系统原理。他从发音部位、方法上探索古声母系统，并依据声母系统推求语词通转法则，认为古音声母相同、相近，义可相通。

其三为声义互求原则，即"疑于义者以声求之，疑于声者以义正之"③。

但声义互求不能只讲声母，还要兼及韵部。戴震在1763年所写的《论韵书中字义答秦尚书》中，全面阐发了音与义的对立统一关系："字书主于训诂，韵书主于音声，然二者恒相因。音声有不随诂训变者，则一音或

---

① 杨应芹,诸伟奇.戴震全书:第6册[M].合肥:黄山书社,2010:302-303.

② 梁启超.中国近三百年学术史[M].北京:东方出版社,2004:245.

③ 杨应芹,诸伟奇.戴震全书:第6册[M].合肥:黄山书社,2010:303.

数义；音声有随诂训而变者，则一字或数音。大致一字既定其本义，则外此音义引伸，咸六书之假借。"①进而戴震总结出六种形、音、义之间的关系：（1）义由声出，指词义由语音表示。如"胡、遐、何一声之转"，即"胡、遐"与"何"声母相向，随着声转而借用作"何"；（2）声同义别，即同音异义。如"蜥易"之"易"借为"变易"之"易"；（3）声义各别，即一字异读，义亦不同。如同一"关"字，"户关"之"关"，音古还切，义为闭门木，而"关弓"之"关"，音乌关切，就是"弯"的假借；（4）异字异音，绝不相通，而传讹致混。如"懆，采老切，愁不安也"，而《诗·大雅·抑》等篇却误作"慘"，音七感反；（5）本无其字，因讹成字。如"鍊"讹为"鍊"，遂与东同音；（6）本无其音，因讹成音。如"鲖"从"同"得声，音纣红反，而《广韵》等书收入"有"部，遂与"纣"同音。

可见，戴震的"转语"说，阐述了因声求义的训诂方法，即根据义附于音原则，寻找该字（词）的另一个读音与之近同的未知的音、形、义统一的字（词），通常称为破假借字，对词来说是由假借义求其本义，这是解释词义的基本方法之一，其本质是把汉语的古音系统应用于词义的解释。

(四)探讨了词义互训的训诂方法

汉代以后，六书中的转注说最难理解且众说纷纭："六书转注之为互训，失其传且二千年，言六书者讹谬日滋……六书中转注，许氏以考、老释之，后儒多不解。"②许氏指许慎，他在《说文解字序》中将转注解释为"建类一首，同意相受，考、老是也"③。对许慎的解释，后人不明其义，误说甚多，就是江永也误把转注看成是字义的引伸，言假借也不甚明确。

戴震视转注为词义互训，发挥了词义解释的重要作用，是清代训诂学的重要理论建树。他在《答江慎修先生论小学书》中，着重辩论转注问题："转注之云，古人以其语言立为名类，通以今人语言犹曰'互训'云尔。转相为注，互相为训，古今语也。《说文》于'考'字训之曰'老也'，于'老'字训之曰'考也'。是以序中论转注举之。《尔雅·释诂》

---

① 杨应芹,诸伟奇.戴震全书:第3册[M].合肥:黄山书社,2010:338.

② 杨应芹,诸伟奇.戴震全书:第7册[M].合肥:黄山书社,2010:137.

③ 杨应芹,诸伟奇.戴震全书:第7册[M].合肥:黄山书社,2010:137.

有多至四十字共一义，其六书'转注'之法欤？别俗异言，古雅殊语，转注而可知，故曰'建类一首，同意相受'。……由是之于用，数字共一用者，如'初、哉、首、基'之皆为'始'；'卬、吾、台、予'之皆为'我'，其义转相为注，曰'转注'。"①

由上可见，戴震的转注互训说，提升了词义解释的功能，是清代语义学的重要理论建树。对戴震视转注为互训，刘师培评论道："转注之说，解者纷如。戴、段以互训解之，此不易之说……许书所谓转注，指同部互训言，不该异部互训言也……许君作序，特举考、老叠韵互训字以为例也。特许书转注虽仅指同部互训言，然扩而充之，则一义数字，一物数名，均近转注。如及逮、邦国之属，互相训释，虽字非同部，其为转注则同。"②

所以，戴震强调"建类一首"是同义、近义相从为类，从而形成义类互相训释，这在古文献的语言解释学上是有着积极意义的。戴震将转注说视为训诂上的词义互训，具有创见性，正如梁启超所赞道："六书之最难解而滋聚讼者莫如转注，先生释转注为互训，实千古创见。"③

今天所说的互训，指运用词本身内在的词义相通规律，通过词与词之间意义的关系和多义词诸义项的关系对比，较其异、证其同，以达到探求和判定词义的目的，也就是取同义词或相当的事互相说明谓之互训，有人称之为广义的转注。可见，戴震将转注说解释成词义互训，这是符合语言学实际情况的，也为今天的互训概念所认同。然而，戴震视转注为词义互训，也失之过宽。"如果严格就许慎本意抽绎，建类一首当指同一部首，同意相授当指在意义上互训，则转注与形、义有关。许慎举'考''老'为例，考、老同在老部，释云：'老，考也。''考，老也。'"④如此，则转注当为同一部首下的同义词或近义词，戴震之说只是达到了"同意相授"而少了"建类一首"。

---

① 杨应芹,诸伟奇.戴震全书:第3册[M].合肥:黄山书社,2010:337-338.

② 杨应芹,诸伟奇.戴震全书:第7册[M].合肥:黄山书社,2010:441-443.

③ 杨应芹,诸伟奇.戴震全书:第7册[M].合肥:黄山书社,2010:700.

④ 孙钦善.中国古文献学史:上册[M].北京:中华书局,1994:136.

四、戴震古文献语言解释学的主要原则

(一)字义、经义紧密结合原则

戴震能打破字书、韵书和旧注的局限，重视它们，但又不迷信它们，而是注意通过对实际语言文字材料的分析、归纳，确定字义，从而达到从原始材料出发探求字义的科学方法的高度。此即他所说的："故训音声，自汉以来莫之能考也久，无怪乎释经论字，茫然失据。此则字书、韵书所宜审慎不苟也。虽旧韵相承，其中显然讹谬者，宜从订正。"①强调对字书、韵书决不可盲从，而宜"审慎不苟也"。段玉裁的弟子陈奂在《说文解字注·跋》中记载戴震在谈到自己治学的特点时曾自言道："仆之学不外以字考经，以经考字。"②戴震之所以如此强调以字考经，以经考字，是因为他认为当时"大致说经者，就经傅合而不可通于字；说字者，就字傅合而不可通于经"③。因此，戴震主张"一字之义，当贯群经，本六书，然后为定"④。此法既是训诂方法，又是训诂中支配与处理材料的方法。

这里所说的"贯群经"，就是说要考察文字在经籍中实际运用的情况；所谓"本六书"，就是要根据指事、象形、形声、会意、转注、假借等汉字本身的结构或借用规律来考察。一方面戴震主张通过文字训诂入手来考证古代经学典籍，另一方面他又主张通过贯穿理解群经之义来确定一字的准确意义。

由此可见，戴震认为理想的文献语言解释境界，是在字义的训释中融进自己对经义的理解，从而将字义、经义紧密地结合起来。具体做法则应是在说解之时，既要顾及解释对象的语言环境和它在群经中的运用，又要使解说有文字学依据；既反对缘辞生训，又反对不顾经文而一味说字。如戴震在《毛诗补传序》中说："今就全诗考其名物字义于各章之下，不以作诗之意衍其说。盖名物字义，前人或失之者，可以详核而知，古籍具在，有明证也。作诗之意，前人或失之者，非论其世、知其人，固难以臆

85

①杨应芹,诸伟奇.戴震全书:第3册[M].合肥:黄山书社,2010:341.

②(汉)许慎撰.说文解字注[M].(清)段玉裁注.上海:上海古籍出版社,1981:1338.

③杨应芹,诸伟奇.戴震全书:第2册[M].合肥:黄山书社,2010:7.

④杨应芹,诸伟奇.戴震全书:第6册[M].合肥:黄山书社,2010:369.

第三章 戴震在古文献学上的成就

见定也。"①这一原则也贯彻在他后来所著的《毛郑诗考正》与《杲溪诗经补注》之中。考释字义是戴震训释《诗经》的主要事项，但这并不是他研究《诗经》的全部内容，戴震还十分注重经义的揭示，并且这种揭示是与字义解释紧密结合的。戴震的这种说法与做法是很有科学道理的，因为一个字的确切涵义，往往需要通过分析实际语言材料，在充分理解实际语境的基础上，才能真正把握语义。

（二）由声音、文字求训诂原则

汉字是一种集形、音、义于一体的语言符号系统，因而训诂有形训、音训、义训三大传统方法。大部分字由意符、音符构成，这就决定了汉字在因形以辨义之外，还可以因音以辨义。然而因音辨义不能根据几千年后已经变化了的音来辨之，而必须依据经书发生时代的音系来辨之。戴震能完全打破汉字形体的局限，从读音上去求义，从而使字义辨析日趋精细，这是他对古文献语言解释学的一大贡献，此即他指出的："义由声出……因声而知义。"②进一步，戴震指出："夫六经字多假借，音声失而假借之意何以得？故训音声相为表里。故训明，六经乃可明。"③在此，他强调了通音声、明假借的重要性。

不仅如此，戴震还做了具体的分析："字书主于训诂，韵书主于音声，然二者恒相因。音声有不随诂训变者，则一音或数义；音声有随诂训而变者，则一字或数音。大致一字既定其本义，则外此音义引伸，咸六书之假借。"④这里虽然对引申义和假借义仍未分辨，但对假借义的分析是相当精确的。正因为字有通假，义有声训，所以戴震特别重视从字音着手辨析字义，他说："震之疑不在本义之不可晓，而在展转引申为他义，有远有近，有似远义实相因，有近而义不相因，有绝不相涉而旁推曲取又可强言其义。区分假借一类而两之，殆无异区分谐声一类而两之也。六书之谐声、假借并出于声。谐声以类附声，而更成字；假借依声托事，不更制字。或同声，或转声，或声义相倚而俱近，或声近而义绝远。谐声具是数

① 杨应芹,诸伟奇.戴震全书:第1册[M].合肥:黄山书社,2010:128.

② 杨应芹,诸伟奇.戴震全书:第3册[M].合肥:黄山书社,2010:338—339.

③ 杨应芹,诸伟奇.戴震全书:第6册[M].合肥:黄山书社,2010:382.

④ 杨应芹,诸伟奇.戴震全书:第3册[M].合肥:黄山书社,2010:338.

者，假借亦具是数者。"①认识到这一点非常重要，只有如此，才能避免在训诂方面望文生义却不得本解、真义的常见弊病。

《方言疏证》是戴震遵循"由声音、文字求训诂"原则的典型例证。书中对《方言》做了创造性的疏证，其中多用"声转""语转""通用"之语。

"声转"是指字音声纽的变转，戴震一般用"声之变转""一声之转""声之微转"等表示，如卷十一："蝇，东齐谓之羊。"戴震作案语曰："'蝇''羊'一声之转，羊可呼蝇，蝇亦可呼为羊。方音既异，遂成两名。书中皆此类，注以为不宜别立名，非也。"②

"语转"或称"语之转""转语"。郭璞在给《方言》作注时，多处用"语转"一词来对原著进行阐发。戴震在《方言疏证》中沿用"语转"一词以疏通词义，其"语转"的作用与扬雄、郭璞相同。"语转"一般指字的语音的变转，包括声、韵、调三方面的变转，如卷一"敦、丰，大也"条，戴震作案语曰："'敦''大'语之转。"③卷十"愮、疗，治也"条，戴震作案语对之疏证曰："'疗''愮'，语之变转，故'愮'可从'疗'为'治'，'疗'又可从'愮'为'忧'。"④

"通用"是戴震在《方言疏证》中对古音通假字的训诂，是从声音相通关系方面来训释词义，这样的例子约有一百多处，如卷一"慎、济，忧也"条，《疏证》曰："'忧''优'，古通用。"⑤卷十"愮、疗，治也"条，戴震作案语曰："'摇''愮'，古通用。"⑥卷十三"鹽，且也"条，《疏证》注曰："鹽，读为姑息之姑。《广雅》：'嫭，且也。'皆古字假借通用。"⑦

再如，《屈原赋注·音义》也是典型的"由声音、文字求训诂"之作，它有三卷，其内容主要是对字音的注释，《音义》的注音，包括两个内容：一是为一般的疑难字注反切，二是为韵脚字注古音。《音义》中共

---

① 杨应芹,诸伟奇.戴震全书:第3册[M].合肥:黄山书社,2010:337.
② 杨应芹,诸伟奇.戴震全书:第3册[M].合肥:黄山书社,2010:179.
③ 杨应芹,诸伟奇.戴震全书:第3册[M].合肥:黄山书社,2010:15.
④ 杨应芹,诸伟奇.戴震全书:第3册[M].合肥:黄山书社,2010:166.
⑤ 杨应芹,诸伟奇.戴震全书:第3册[M].合肥:黄山书社,2010:14.
⑥ 杨应芹,诸伟奇.戴震全书:第3册[M].合肥:黄山书社,2010:166.
⑦ 杨应芹,诸伟奇.戴震全书:第3册[M].合肥:黄山书社,2010:229.

注古音一百一十六个：《离骚》三十四个，《九歌》二十二个，《天问》二十一个，《九章》三十个，《远游》四个，《卜居》三个，《渔父》二个。此外，《音义》的内容还有对词义的训诂、对古今字或雅俗字等的考辨、对一音数义或一字数音的区分、对旧注的辨正、对形近易混字的辨别，等等。

由上述可知，戴震能区分本义和他义，注意到字音与字义的关系，通音声，明假借，晓声训，而特别注重"由声音、文字求训诂"。因此，戴震超越了单纯依靠字形和假借的传统训诂方法，而是大胆地运用古音研究的成果，将训诂扩展到语词、音义关系的内部，变文字的训诂为语音的训诂，提出了以声韵为中心的训诂理论和训诂方法，即"音义相因""因声知义"，用来解释各种音、义相关的词语，以达到由声音、文字求训诂的目的，这在训诂学上是很有见地的创举。

（三）依据古音推证古字的原则

由于汉字的字、音、义往往是统一的，不能割裂，所以字、音、义有着内在的必然联系。基于这种规律，戴震能依据古音推证古字。如在乾隆二十年（1755）秋，他在给王鸣盛的信中论及《尚书·尧典》中"光被四表"一语时，即以丰富的古音学知识推证"光"字必为"横"字之误写：《尚书·孔安国传》："光，充也。"义本于《尔雅》："光，充也。"唐孔颖达的《五经正义》："光，充也。《尔雅·释言》文。"历来都是把"光"字解释成"充实"的"光"。戴震却不苟同，他指出，"光"字不过是个"桄"字，这个"桄"字的古音是"古旷反"，"光"字与此字同音，而隋陆德明的《经典释文》："横，古旷反。"可见，"光"是"横"的通假字，或者说"光"即"桄"的讹写，"桄"是"横"的古字。从而"光被四表"应该是"横被四表"，"横被"即"广被"，原句相当于"横于天下""横乎四海"。据此，戴震断定，"《尧典》古本必有作'横被四表'者"①。

后来，戴震的破译完全被文献发现所证实：时隔两年后，钱大昕果然从《后汉书·冯异传》中找到了"横被四表，昭假上下"的句子，证明了戴震的推断是正确的；稍后，姚鼐也从班固《西都赋》中查到了"横被六

---

① 杨应芹,诸伟奇.戴震全书:第6册[M].合肥:黄山书社,2010:276.

合"的句子作为佐证；乾隆二十七年（1762），戴震的族弟戴受堂也从《汉书·王莽传》中找到了"昔唐尧横被四表"一句；洪榜、段玉裁等人也先后从古书中找到了"横""光"古音通假的例证，都证实了戴震据古音推证古字、断定字义之原则的合理性。戴震对一字的考证，前后吸引了王鸣盛、钱大昕、姚鼐、戴受堂、洪榜、段玉裁等众多学者的参与，足见戴震依据古音推证古字的原则在当时影响很大。

（四）多重证据并用原则

戴震在注解古文献时，力争多方搜集各种证据来证实某一问题，如本证、旁证、事证、书证等等综合运用，摆事实材料与合理推证互相运用等等，从而多重证据并用，此即他所说的"搜考异文，以为订经之助；又广揽汉儒笺注之存者，以为综考故训之助"①。现举一例予以说明：

《诗经·邶风·匏有苦叶》有"匏有苦叶，济有深涉。深则厉，浅则揭"一句，戴震训"厉"之义为"桥"：在《毛诗补传》中，戴震作按语曰："厉，不成梁之名。《说文》云：'履石渡水也。'盖浅水褰衣而过，稍深必有厉乃可过。今山涧中水深一二尺，多置石，令人步。若更深，则宜为梁矣。《有狐》篇以'淇梁''淇厉'并举是也。"②在《毛郑诗考正》中，戴震进一步对之加以考释："《传》：'以衣涉水为厉，谓由带以上也。'震按：义本《尔雅》。然以是说《诗》，既以衣涉水矣，则何不可涉乎？似与诗人托言'不度浅深，将至于溺不可救'之意未协。许叔重《说文解字》'砅，履石渡水也'，引《诗》'深则砅'，字又作'沴'，省用'厉'。郦道元《水经注·河水》篇云：'段国《沙州记》：吐谷浑于河上作桥谓之河厉。'此可证桥有厉之名。诗之意以浅水可褰衣而过，若水深则必依桥梁乃可过，喻礼义之大防不可犯。《卫诗》'淇梁''淇厉'并称，'厉'固'梁'之属也。足以证《说文》之有师承。"③

由上例可见，戴震对"厉"字的考证与训释，有本证，有旁证，有材料举证，有推理论证，否定《尔雅》之说而肯定了《说文解字》之说，严密合理的足以令人信服，也彰显其多重证据并用的原则。

（五）融字义考辨、词义训释于精核的名物、典制考证之中原则

① 杨应芹,诸伟奇.戴震全书:第6册[M].合肥:黄山书社,2010:375.
② 杨应芹,诸伟奇.戴震全书:第1册[M].合肥:黄山书社,2010:192.
③ 杨应芹,诸伟奇.戴震全书:第1册[M].合肥:黄山书社,2010:599.

名物典制之学，繁难杂冗，歧说多出，十分难治。以名物、制度通经义，是戴震治经之入门功夫。戴震认为，圣贤之道存在于名物、典章、制度之中："理义不存乎典章制度，势必流入异学曲说而不自知"①；"士生千载后，求道于典章制度而遗文垂绝。"②正是由于这种原因，戴震特别注重也十分精通名物、典章、制度的考证，而他在对古文献进行语言解释的实践中，往往融字义考辨、词义训诂于精核的名物、典制考证之中，进而探得圣贤之道，此即他所说的："仆自十七岁时，有志闻道，谓非求之六经、孔、孟不得，非从事于字义、制度、名物，无由以通其语言"③；"由六书、九数、制度、名物，能通乎其词，然后以心相遇。"④

戴震关于名物、典章制度的精辟考证，在其所遗留的文献著述中随处可见，而最集中的是他于乾隆十一年（1746）在故居"游艺塾"著成的《考工记图》二卷，这是他研究《考工记》的杰出成果。书中对《考工记》中所记载的兵器、车制、食器、宫室、明堂、宗庙、井田等古器物制度一一详细地加以考证并用图明晰地画出来，以供后人参考，被纪昀称赞为是"触事广义，俾古人制度之大暨其礼乐之器，昭然复见于今。兹是书之为治经所取益固巨"⑤。

戴震在自序中也阐述了《考工记图》一书是"立度辨方之文，图与传注相表里者也。自小学道湮，好古者靡所依据。凡六经中制度、礼仪，核之传注，既多违误，而为图者，又往往自成诘诎，异其本经，古制所以日即荒谬不闻也。旧《礼图》有梁、郑、阮、张、夏侯诸家之学，失传已久，惟聂崇义《三礼图》二十卷见于世，于考工诸器物尤疏舛"⑥。书中在进行大量名物、典制的精密考证的同时，融入字义考辨、词义训诂，并纠正原书中郑众、郑玄、陆德明、孔颖达等人的一些错注而自定其字义、词义以为补注。例如：在该书卷上《释车》的"毂末小钉谓之軝"条，戴震注曰："今并作轵，与辐内之轵混淆，非也……軝本作軝，讹而为轵，軝軝二字少见，非改为轵，即讹为轵。学者粗涉古经，未能综贯，宜其不

①杨应芹,诸伟奇.戴震全书:第6册[M].合肥:黄山书社,2010:498.

②杨应芹,诸伟奇.戴震全书:第6册[M].合肥:黄山书社,2010:375.

③杨应芹,诸伟奇.戴震全书:第6册[M].合肥:黄山书社,2010:531.

④杨应芹,诸伟奇.戴震全书:第6册[M].合肥:黄山书社,2010:405.

⑤杨应芹,诸伟奇.戴震全书:第7册[M].合肥:黄山书社,2010:240-241.

⑥杨应芹,诸伟奇.戴震全书:第5册[M].合肥:黄山书社,2010:313.

辨。陆德明、孔颖达诸儒，亦时时杂出谬解，则未有定识故也。"①

此外，戴震的《学礼篇》专门考释古礼制名物，他认为此《学礼篇》能有用于当今，即他所说的："古礼之不行于今已久，虽然，士君子不可不讲也。况冠、婚、丧、祭之大，岂可与流俗不用礼者同。"②戴震的《记冕服》等十三篇典制考证加词义训释的文章，是对礼制中的朝、祭、丧等不同场合服饰冠冕典制的详细辨析文字，对今天研究三礼，有重要的参考价值。戴震还著有《诗经二南补注》二卷、《毛郑诗考正》四卷、《尚书义考》二卷、《仪礼考正》一卷、《春秋即位改元考》一卷、《孟子字义疏证》等等，对宗庙、宫室、礼乐之器等等名物、典制也都作了有参考价值的精核考证，考证的同时，对许多关键的字、词，广搜旧注以精确地辨析其义，体现了融训诂于名物、典制的精核考证之中的原则。

## 第二节　戴震在古文献传注学方面的成就

中国古代创造了灿烂辉煌的文化，需要后人认真地去继承和发展。但是，由于语言文字方面的隔阂，今人阅读前人的著作往往会遇到许多困难。从汉代起，人们就开始了对古书的传注（训释、注释、疏证、训诂、注解等）工作。古书传注是阅读古代文献、掌握古代文化知识的桥梁。古代注释家距所注古代文献的时代较近，对古代文献产生的时代背景、文化特点、典章制度、风俗习惯等情况都比较了解，所以其注释的准确性相对较高。有些词句，如果没有古人的注释，我们不是无从知道其含义，就是会出现理解上的错误。注的本义是灌注。古代经书多难懂，好像水道阻塞，必须灌注才能疏通，所以把对经文的解释也叫做注。

传注就其特点而言，主要可以分为传、笺、章句、集解、疏五类。传是解说经文字词、阐明其大义的注解。笺是对传文进行补充订正的一种注释。章句就是"离章辨句"的意思，其特点是，除了对古书作逐词解释外，还要说明句意和全章大意，分析句法，辨明篇章结构等。集解可以分为两类：第一类称为集注、集说、集释等，这是汇集各家解说，加以选择并加上自己见解的一种注释方法，如魏何晏的《论语集解》；第二类不是

---

① 杨应芹,诸伟奇.戴震全书:第5册[M].合肥:黄山书社,2010:347.

② 杨应芹,诸伟奇.戴震全书:第6册[M].合肥:黄山书社,2010:367.

集各家之说，而是通释经传，如晋杜预的《春秋左氏经传集解》。疏即义疏，是疏通其义的意思，或称作义注、正义、疏义等，简称疏。汉魏时期所作的注，到了南北朝时期，特别是到了唐代，由于时间久远，人们感到不易理解，于是出现了"疏"这种新的注解方法。疏的注释特点是不但对古书原文进行注解，同时对前人所作的注解也进行注释。

传注就其具体内容，主要有：（1）注明音读；（2）校正文字；（3）解说方言；（4）补充资料；（5）阐释名物词义；（6）注明语意；（7）标识句读；（8）注明典章制度；（9）说明凡例；（10）注明事实，等等。

戴震是清代前期"皖派"朴学大师，著名的考据学家。戴震自幼就对古代典籍刻苦攻读并仔细研磨，为其日后传注古籍打下了坚实的基础。他在古籍的传注方面，有很大成就：注释《尔雅》，撰成《尔雅文字考》和《经雅》；传注《诗经》《尚书》《方言》；著《考工记图》《屈原赋注》；对《易经》《春秋》《礼经》等许多古籍进行研究。戴震对古文献的整理、传注所遗留的著述，在今天仍有重要的参考价值。

## 一、撰写《尔雅文字考》与《经雅》

《尔雅》是战国末期的一部通释语义的训诂专著。清代真正研究《尔雅》的，戴震是第一人。他将《尔雅》看成是通经的工具书而非经书本身。他说："古故训之书，其传者莫先于《尔雅》，六艺之赖是以明也。所以通古今之异言，然后能讽诵乎章句，以求适于至道……余窃谓儒者治经，宜自《尔雅》始"[①]；"《尔雅》，六经之通释也。援《尔雅》附经而经明，证《尔雅》以经而《尔雅》明。"[②]这些见识是符合实际情形的。

约1748—1750年，戴震写成《尔雅文字考》十卷，书成之后却一直未能刻印，现《戴震全书》第6册之《东原文集》卷三中收录有《尔雅文字考序》一篇。据《序》所记述，该书是戴震读《尔雅》"殚心于兹十年"并且"若考订得失，折衷前古，于《尔雅》万七百九十一言，合之群经传记，靡所扞格，姑俟诸异日"[③]而成的随手札记。书中对刘歆、樊光、李巡、郑玄、孙炎的旧注多加搜集，以补充晋代郭璞的《注》的遗漏和宋人

① 杨应芹,诸伟奇.戴震全书:第6册[M].合肥:黄山书社,2010:273.

② 杨应芹,诸伟奇.戴震全书:第6册[M].合肥:黄山书社,2010:274.

③ 杨应芹,诸伟奇.戴震全书:第6册[M].合肥:黄山书社,2010:273-274.

邢昺的《疏》的缺失。此书在清代《尔雅》学史上有重要意义，即它是一部奠基之作，是戴震本人的"小学始基之矣"①，也是乾嘉学派治考证之学的基础。对于清代的《尔雅》学群书（邵晋涵的《尔雅正义》、钱坫的《尔雅释义》、郝懿行的《尔雅义疏》等）而言，戴震的《尔雅文字考》开其端。

此外，戴震研究《尔雅》的另一著作是《经雅》。它是一部辨释草、木、鸟、兽、虫、鱼之名而没有完成的专著，是戴震早期的作品，成书于《尔雅文字考》之前。书稿共七卷，分《雅记》（《释兽》《释畜》二卷）和《经雅》（《释鸟》《释虫》《释鱼》《释草》《释木》五卷）两部分。书中除引《尔雅》外，多引用《说文》《方言》《广雅》等文献，其每辨一物，必综核先秦、西汉群籍，征之《尔雅》与汉儒之说，合诸道而更加以条理之。如"释马"一项，按黑、白、赤、黄等基本色调加以分类，大类之下再分列小类，其中"黑马"条下，就分列骊、骃、骓三小类："黑马曰骊（《秦风·小戎》《鲁颂·駉》《檀弓》）。铁骊（《月令》）曰骤（《秦·駟驖》）。青骊（《招魂》）曰骃（《鲁颂·有駜》）。青骊白鳞曰骓（《鲁颂·駉》）。"②可见，其辨名识字功夫不是停留在释字之间，而是广征于群籍之间、诸道之间。《经雅》原件现藏于湖北省图书馆，和其他雅学书一样，今天成为一本义训汇编的训释动植物名词术语的重要专著。

二、疏证《方言》

《方言》是西汉扬雄所著的我国第一部汉语方言学著作，也是世界语言学史上第一部比较方言词汇以沟通殊语的训诂专著。自东汉以来，备见征引，但它在长期流传中，断烂讹脱，几乎不可读，且文字古奥，训义深隐，很难读懂。因此，疏证《方言》使之可读便十分必要。

乾隆二十年（1755）春，戴震将《方言》分抄于宋代李焘的《许氏说文五音韵谱》每个字的上方，字与训两写，详略互见。对于这样做的妙用之处，段玉裁在其所著的《戴东原先生年谱》中说："所谓写其字者，以字为主，而以《方言》之字傅《说文》之字也；写其训者，以训为主，而

93

① 杨应芹,诸伟奇.戴震全书:第7册[M].合肥:黄山书社,2010:140.
② 杨应芹,诸伟奇.戴震全书:第2册[M].合肥:黄山书社,2010:635.

以《方言》之训傅《说文》之字也。又或以声为主，而以《方言》同声之字傅《说文》。所谓详略互见者，两涉则此彼分见，一详一略，因其便也。先生知训诂之学，自《尔雅》外，惟《方言》《说文》切于治经，故傅诸分韵之《说文》，取其易检。"①入四库全书馆后，戴震把《永乐大典》本与流传的明代刻本《方言》以及古书中所引《方言》的文字相互疏证。约于1766年，这部语言学要籍得以复还旧貌，此即《方言疏证》十三卷。

《方言疏证》的训诂成就主要体现在：第一，依据声近义通原则，疏通了大量的字义、词义。如卷一中有"烈，余也"，《方言疏证》："案《诗·大雅·云汉序》'宣王承厉王之烈'，郑《笺》云：'烈，余也。''烈'与'裂''㤜'音义同。《说文》：'裂，缯余也。'《广雅》：'㤜，余也。'"②由戴震的训诂可知，"裂""㤜"是异体字，它们与"烈"是音同义通的同源字。

第二，揭示出许多古今方俗转语。如卷三中有"裕、猷，道也。东齐曰裕，或曰猷"，《方言疏证》："案：《坊记》引《书》'尔有嘉谋嘉猷'，郑注云：'猷，道也。''猷''繇'古通用。《尔雅·释诂》：'繇，道也。'《广雅》：'裕，道也。''裕''猷'亦一声之转。"③由戴震的训诂可知，"裕""猷"本字与"道"字字义无关，扬雄借之以记录一地方言，裕、猷一声之转，实乃为东齐古今语转。

第三，指出了众多的通用字、假借字、异体字，以明词义。如卷一中有"台、胎、陶、鞠，养也"，在《方言疏证》中，戴震作案语曰："'台''颐'古通用"④。由戴震的训诂可知，"台"与"颐"在古代是通假字。

第四，点明了字义、词义之间的各种关系。例如卷二中有"台、敌、匹也"，《方言疏证》中戴震作案语曰："……《尔雅·释诂》：'敌，匹也，当也。'《广雅》：'敌、佁，当也。匹、台、敌，辈也。'义皆相

①杨应芹,诸伟奇.戴震全书:第7册[M].合肥:黄山书社,2010:145.

②杨应芹,诸伟奇.戴震全书:第3册[M].合肥:黄山书社,2010:11.

③杨应芹,诸伟奇.戴震全书:第3册[M].合肥:黄山书社,2010:53.

④杨应芹,诸伟奇.戴震全书:第3册[M].合肥:黄山书社,2010:11.

因。"①由戴震的训诂可知，"匹""台""敌"之字义，皆相互因果的关系。

《方言疏证》是戴震晚年完成的一部力作，也是他从草创至完成该书付出了长达二十一年心血的结晶。此后，清代相继有《方言》注本问世，但功力均不能超过《方言疏证》，故段玉裁称之为"小学断不可少之书"②，直至今日，戴震的《方言疏证》仍是重要的训诂学名著之一。《方言疏证》不仅对了解古今的方言状况有意义，而且对了解古代语言文化、习惯有不可替代的作用。如："党、晓、哲，知也。楚谓之党（党，朗也，解寤貌），或曰晓；齐、宋之间谓之哲。"③由此条可知，楚、齐、宋三地对"知"字有不同的方言习惯。

戴震还在多处直接引用《方言》注释古籍以求"通道"，如《离骚》中有："怨灵修之浩荡兮，终不察夫民心，众女嫉予之蛾眉兮，谣诼谓予以善淫。"戴震注曰："诼，愬也。楚以南谓之诼，《方言》云。"他用《方言》贯通了一个"诼"字，指出句意是"泛云'不察民心'，以谓君之不己察，而毁谮得行也"，再进一步指出造成"不己察""毁谮得行"的原因是屈原本人"以正道事乱世之君，固易致疏远矣"④。

然而另一方面，《方言疏证》也有不少不足之处：首先，戴震虽然逐条疏证，但并没有逐词疏证，《方言》中还有相当一部分词语没有给予解释；其次，有一小部分词语，《方言疏证》明确注出"未详'字样，这反映出戴震对于不确定之处而宁愿存疑的求实精神，但是其中有一些是本可以通过深入研究而加以解决的；最后，《方言疏证》在训诂上存在一些错误。总而言之，戴震对《方言》中的词语只是做了初步的疏通证明，而诠释的工作较少，因而不是《方言》的最佳注疏本。

约1755—1773年，戴震在疏证《方言》的同时，又在补苴《方言》的缺漏，采录许慎的《说文》、刘熙的《释名》、何休的《公羊传解诂》、杨倞的《荀子注》四书所引《方言》的文字，大体上仍以原书为序，未经整理，写成《续方言》二卷，后见杭世骏的《续方言》而终止。手稿共十四页，每半页十行，每行二十一个字，小字双行。卷一为无行格素纸，卷二

① 杨应芹,诸伟奇.戴震全书:第3册[M].合肥:黄山书社,2010:32.

② 杨应芹,诸伟奇.戴震全书:第7册[M].合肥:黄山书社,2010:146.

③ 杨应芹,诸伟奇.戴震全书:第3册[M].合肥:黄山书社,2010:9.

④ 杨应芹,诸伟奇.戴震全书:第3册[M].合肥:黄山书社,2010:619.

为左右双边格纸。卷端题"新安戴震记",盖有朱文小印"东原",白文小印"震印"。手稿于1928年由刘半农从北平琉璃厂书摊购得,现珍藏于清华大学图书馆。它是戴震疏证《方言》时的重要积累,是《方言疏证》的未竟之资料长编,如《续方言》手稿中有"党,所也;所犹时,齐人语也"①。将此条与《方言疏证》中的"党、晓、哲,知也。楚谓之党(党,朗也,解寤貌),或曰晓;齐、宋之间谓之哲"②相比较,明显可见《续方言》是《方言疏证》的资料积累。杭世骏的《续方言》被认为是有益于训诂之书,而戴书虽仅仅二卷,但可补杭书之遗漏,如所采录杨倞的《荀子注》九条,杭书中却只字未提,其他三书(许慎的《说文》、刘熙的《释名》、何休的《公羊传解诂》)虽戴、杭两家均采录,但戴书有而杭书无者,达二十二条之多,所以戴书的价值也是不容抹杀的,在某些方面还超过杭书的价值。

### 三、著《考工记图》

《周礼·考工记》是春秋末年齐国人所著的一部手工技术汇集。因为年代久远,《传》《注》讹误特别多,小学之道又久湮而不传,致使书中礼图或失传已久,或疏舛讹谬,而大大不同于本经,所以许多学者苦恼于《考工记》难读,要详细通晓其文义、正确推导其规制,实非易事。

乾隆十一年(1746),年仅二十四岁的戴震在故居"游艺塾"写成《考工记图》初稿二卷,这是他研究《考工记》的杰出成果。《考工记》中对各种器物的形状、结构、作用、制造原理与工艺等均予以阐述。《考工记图》则是对《考工记》原文中的一些讹误予以校正,且对书中的器物依据其文意而一一为之作图、注加以说明,图与传注相表里。书中共绘图五十九幅,图中还注明尺寸,使许多人们所不了解的古代器物,鲜明地呈现出来。

乾隆二十年(1755),戴震又吸纳了纪昀的许多建议,删除原书中郑众、郑玄的错注而自定其说以为补注,遂成《考工记图》的注。如在该书卷上《释车》的"式前谓之轵"条,戴震注曰:"郑司农云:'轵,谓式前

---

① 杨应芹,诸伟奇.戴震全书:第3册[M].合肥:黄山书社,2010:258.

② 杨应芹,诸伟奇.戴震全书:第3册[M].合肥:黄山书社,2010:9.

也。书或作轨。'……后郑说误，辨见前。"①

　　《考工记图》由于成书较早，书中所绘图形多数需要修改充实，但其中有不少图已被证实，如"《考工记图》成，后来乾隆某年所上江西大钟，正与余说合"②。再如在《释舆》中，他说的"辀所以引车也。当兔在舆下正中，其两旁置伏兔。车行以辀为持任之正，即所谓任正者"③。1980年冬，秦俑考古队在秦始皇陵封土西侧，发掘出了两乘大型彩绘铜车马。考古工作者对二号铜车马做了清理修复工作后，发现当兔果然位于辀轴交会处。而且，伏兔的断面近似梯形，上面平以承舆，下凹以含轴，其形制与《考工记图》的推证相吻合，足见其考证之精确。该书在阐述某些器物的基本作用原理时，能结合我国古代科学技术的发展，反映最新研究成果。如在注释用"规"来测定东西南北时，戴震指出"今用指南针，有偏向，所偏随地不同，不足取准"④；在注释北极高下的方法时，他又指出我国在梁、元时代所测得的北极和北极星的距离是不同的。

　　《考工记图》是戴震早年的一部成名传世之作，纪昀一见之，"奇其书"，称赞道："戴君深明古人小学，故其考证制度字义，为汉以降儒者所不能及。以是求之圣人遗经，发明独多。"⑤半年后即将它刊刻并亲自为之作《考工记图序》。纪昀曾将戴震之"补注"与昔儒旧训参互校核，在《考工记图序》中详列出《考工记图》补正郑注的十二例精审之处。对《考工记图》诸方面的学术成就，纪昀给予很高的评价，指出"兹是书之为治经所取益固巨"⑥。姚鼐在读完此书后，也称赞它"推考古制信多当"⑦。继戴震之后，给《考工记》作注解的，有阮元的《车制图考》、王宗涑的《考工记考辨》、郑珍的《轮舆私笺》等，但都不能和戴著相比。今天我们若只看年代久远的《考工记》七千余字的原文，很难读懂，而有了戴震的图、注，就容易多了，如《庐人》中有"句兵欲无弹，刺兵欲无蜎"一句，这是一句韵文，但"弹"字令人费解，戴震注曰："弹，读如

　　① 杨应芹,诸伟奇.戴震全书:第5册[M].合肥:黄山书社,2010:345.
　　② 杨应芹,诸伟奇.戴震全书:第7册[M].合肥:黄山书社,2010:139.
　　③ 杨应芹,诸伟奇.戴震全书:第5册[M].合肥:黄山书社,2010:339.
　　④ 杨应芹,诸伟奇.戴震全书:第5册[M].合肥:黄山书社,2010:422.
　　⑤ 杨应芹,诸伟奇.戴震全书:第7册[M].合肥:黄山书社,2010:239.
　　⑥ 杨应芹,诸伟奇.戴震全书:第7册[M].合肥:黄山书社,2010:241.
　　⑦ (清)姚鼐.惜抱轩全集:卷5[M].北京:中国书店出版社,1991:57.

夗蟺之蟺，转掉也。蜎，摇掉也。"①这是语言解释上的析言，从而使人明白了原文全句是说不论戈戟或长矛都要精良好使。

戴震传注《考工记》如此成功，主要原因是他对古人说法的真伪优劣做细致考订而不盲从，这样研究出的结论自然更可信。为了言之有据，他广泛地征引了《说文解字》《尔雅》《二十四史》《二十二子》《别录》《楚辞》《毛诗》《尚书》《左传》等等古文献资料。他对这些文献资料做了认真、详细地分析，并十分注意用当时的科技成果来进行比勘、考订，以确保考证结果符合客观事实。

戴震在《考工记图序》中归纳了此书的三大作用：补《考工记》原书的不足；纠正郑注之误；验证古人遗器原物。而他在《考工记图后序》中曾自信地说："《考工》诸器，高庫广狭有度。今为图，敛于数寸纸幅中，或舒或促，必如其高庫广狭，然后古人制作，昭然可见……执吾图以考之，群经暨古人遗器，其必有合焉尔。"②诚然，《考工记图》中绘有大小诸图共五十九幅，这对于理解《考工记》中的名物制度确实极为有用，历来受人赞赏，因而它是对后世影响很大的一部著作，对我们研究先秦文物典制及了解先秦历史有重要意义。但是，因其成书年代较早，二百多年来，尤其是近几十年来的考古发现和研究，证实戴震所绘之图"约有三分之一与考古实物不合，有些是明显的误解，其余的三分之二也有不少需要修正和充实"③。

四、撰《屈原赋注》

乾隆十七年（1752），二十九岁的戴震在对《屈原赋》精读细磨之后，随文而注撰成《屈原赋注》十二卷。《屈原赋》二十五篇，著录于《汉书·艺文志》，原书已经散佚。《屈原赋注》是戴震编订的，他把《屈原赋》二十三篇，再加上《卜居》《渔父》共二十五篇，都认为是屈原所作，定名为《屈原赋》。《屈原赋注》采用《汉书·艺文志》"屈原赋"的名称，篇目包括从《离骚》到《渔父》被认为是屈原所作的二十五篇作品。《屈原赋注》由三部分组成：一是关于《屈原赋》二十五篇的诠释义

① 杨应芹,诸伟奇.戴震全书:第5册[M].合肥:黄山书社,2010:420.

② 杨应芹,诸伟奇.戴震全书:第5册[M].合肥:黄山书社,2010:461-462.

③ 闻人军.考工记导读[M].成都:巴蜀书社,1988:163.

疏，七卷；二是关于《屈原赋》山川、地名及草木、鸟兽、虫鱼的通释，二卷；三是关于《屈原赋》各篇字词的音义、异文，并附《通释》的意义，三卷。三部分相辅相成，不可分割。

《屈原赋注·音义》三卷，其内容主要包括三方面：第一是对字音的注释；第二是对词义的训诂；第三是对古今字、异体字、俗体字等加以说明及对文本的校勘。《音义》原题为汪梧凤撰，但段玉裁称："亦先生所自为，假名汪君。"①

在《屈原赋注》定稿之前的戴震所写的《屈原赋注》初稿，由许承尧收藏，稿末有许跋，曰："得之湖田草堂，疑原出西溪汪氏不疏园。"②初稿仅存《离骚》《九歌》《天问》三卷，《九章》《远游》《卜居》《渔父》四卷仅存其目，正文尽佚。初稿包含定稿中的注释、通释、音义三部分内容，但互有详略异同，就多数而言，初稿较定稿繁杂，足见戴震治学精益求精的原则。初稿的注释、通释、音义三者浑然一体，通释、音义尚未分离出来，此为音义系戴震所自为的铁证。

《屈原赋注》是研读《楚辞》不可缺少的注本之一。它集中体现了戴震治经重实证以寻求"十分之见"的求实精神。

《离骚》有"皇览揆予初度兮，肇锡予以嘉名"，王逸释"肇"为"始"，人无异词，而戴震则据《尔雅》释"肇"为"谋"③，更符合屈原降生时，其父惊喜其生辰，为要替他取个好名字而反复思考的情状，达意传神显然胜过王《注》；《九章·哀郢》有"过夏首而西浮兮，顾龙门而不见"，稽之本篇所述行程，屈原本是顺江东下，篇中已点明"东迁"，此处为何又说"西浮"呢？旧解纷纭，无一通释，而戴震则从揣摩屈原不忍离开故都的心境立说，直释"西浮者，既过夏首而东，后溯洄以望楚都"④，此正与下句"顾龙门而不见"自然衔接，于情于理于文无不合，一扫王逸、朱熹、林云铭、蒋骥诸家之说的疑惑。可见其解词疏义能紧扣原作而想情度理，所创新说确实令人信服。

《屈原赋注》于篇章阐述亦多胜义，如叙《九歌·湘君》首章云："此

①杨应芹,诸伟奇.戴震全书:第7册[M].合肥:黄山书社,2010:142.
②杨应芹,诸伟奇.戴震全书:第7册[M].合肥:黄山书社,2010:246.
③杨应芹,诸伟奇.戴震全书:第3册[M].合肥:黄山书社,2010:615.
④杨应芹,诸伟奇.戴震全书:第3册[M].合肥:黄山书社,2010:668.

章托为巫与神期约，而候之不至，故曰湘君犹豫不行，为谁留于中洲乎？我修饰美好，乘舟往迎，则愿无波涛之险。且行且望，以君之未来，吹参差思之，当复谁思也？"①叙《湘夫人》首四句云："此亦托为巫与神期约而候之不至，故曰'帝子降此北渚'矣，意之之辞也。继曰望之逾远，使我心愁，但见秋风水波及木叶落，不与神遇也。"②由此足见其体会文情，阐述大意，简洁明晰。戴震对《离骚》的注释，除解释字句外，还将全文分为十大段，逐段分折段意，这就有助于对原作的理解。

由以上诸例可知，《屈原赋注》的最大特点是，大凡大义微旨，一般都能建立在对文词训释和名物制度的严格、精准的考证基础之上，不事臆测，不尚空谈。特别是其注释以简要为务，不以繁琐考证为胜，旧注已经清楚的就从略，错误之处就纠正。如《离骚》里"昔三后之纯粹兮，固众芳之所在"一句的"三后"，王逸注为禹、汤、文王，朱熹更对此做了繁琐的考证，而戴震则认为"在楚言楚"，应该是楚君熊绎、若敖、蚡冒③。《离骚》里"遭吾道夫昆仑兮，路修远以周流"一句，各家都对之进行了详细地考释，戴震却主张不需要深入地探求："战国时，言仙者托之昆仑，故多不经之说，篇内寓言及之，不必深求也。"④

《屈原赋注》是乾嘉学派在《屈原赋》研究方面的代表作，注文词约指博，考释精核，触事广类，语多独创，对后世产生过很大影响，诚如卢文弨在为《屈原赋注》作序时所赞曰："微言奥指，具见疏抉，其本显者不复赘焉。指博而辞约，义创而理确。"⑤胡朴安也赞之曰："其于每节释义、释词、释韵，均极精核。"⑥然而另一方面，考据家的著作偏重考证，不尚畅谈，因此本书对屈原作品的思想内容和艺术特点很少涉及，这是本书的不足之处。

①杨应芹,诸伟奇.戴震全书:第3册[M].合肥:黄山书社,2010:634.

②杨应芹,诸伟奇.戴震全书:第3册[M].合肥:黄山书社,2010:636.

③杨应芹,诸伟奇.戴震全书:第3册[M].合肥:黄山书社,2010:616.

④杨应芹,诸伟奇.戴震全书:第3册[M].合肥:黄山书社,2010:628.

⑤杨应芹,诸伟奇.戴震全书:第7册[M].合肥:黄山书社,2010:245.

⑥杨应芹,诸伟奇.戴震全书:第7册[M].合肥:黄山书社,2010:723.

五、考释《诗经》

戴震对《诗经》的考释，有《诗补传》二十六卷、《毛郑诗考正》五卷、《杲溪诗经补注》二卷、《经考》及《经考附录》中的若干专题，对传统《诗》学的重要问题如"四始""六义"加以探索，做出了新的解说。

《诗补传》（即《毛诗补传》或《诗经补传》）初稿作于1750年左右，被传抄出去后题名《戴氏经考》，原抄件今藏于北京图书馆。1753年，戴震从《诗补传》中挑选部分要点，进一步考订加工成《毛郑诗考正》，所以段玉裁说："《毛郑诗考正》，初名《诗补传》。"[1]

《毛郑诗考正》贯彻了戴震早期"以词通道"的考证义旨，其条例是：补正《诗经》各种传、笺的缺失；考释经、传、笺中的一些关键词语或名物（考释时一般先引古代文献依据，后判断其词语、名物、句子的涵义）；归纳诗意。此条例具有普遍性，事实上为后来治《诗》学者所遵从。

《杲溪诗经补注》，简称《诗经补注》，是戴震未完成的书稿之一，仅于1766年写成《周南》《召南》二卷，所以称《诗经补注》或《毛诗补注》是根据全书之名而言，称《诗经二南补注》是就已成之书而言。它的体例同于《诗补传》，即就全诗考其字义、名物于各章之下。一般是依次列出毛《传》、郑《笺》或朱熹《诗集传》的说解，其他有参考价值的资料，则以夹注的形式置于有关条目之下，再以按语表明去、取或阐述己见。至于作诗之意，则附于篇题之后。它以《诗补传》为基础，而质量上高出《诗补传》，故段玉裁说："今二南著录，而《诗补传》已成者不著录。先生所谓'每憾昔人成书太早，多未定之说'者，于此可见。"[2]

戴震对《诗经》的考释有一些重要特征，如：一是在具体的阐释中，将字义与经义结合起来，不是纯粹以《诗序》《毛传》为权威，也不是仅仅依据字典、辞书对字词的解释获得意义，而是综合考察群经及《说文》《尔雅》等字书的相关解释以得出结论。二是不盲从于某一经学派别的观点主张，一方面为阐述留下广阔的空间，另一方面又不脱离传统经学要义的范围。三是其解说对前人敢于大胆地怀疑与批判，同时又尽可能地汲取前人合理的因素。例如，戴震敢于破除汉儒对自然现象所作的神秘主义的

① 杨应芹,诸伟奇.戴震全书:第7册[M].合肥:黄山书社,2010:188.
② 杨应芹,诸伟奇.戴震全书:第7册[M].合肥:黄山书社,2010:156.

解说:《诗·小雅·十月之交》记载的日月蚀,被不少汉儒说成是"天变"。戴震批评了这种迷信误说,指出此篇只是"直赋其事",即只是对自然现象的如实记述,并无什么神秘的"天变":"日月之行,终古不变。故交食一事,可以验'推步'之得失。其有不应,失在立法,不失在天行。使天行有变,必不可以得其准,无从立推步之常法矣。"①在此,戴震指出,天体运行是有规律的,规律是不会变的。所谓"天变"只是历算家推算有误;若是日月之行真的会"变",历法又如何成立呢?如此,戴震有力地驳斥了汉儒们唯心主义本质的各种附会谬说。戴震虽然没能揭示出汉儒神秘主义解说的社会历史根源,只是简单地斥责了他们的荒诞、迷信,但这种斥责反映了戴震在《诗经》考释中不盲从的客观主义精神。

乾隆间经学全盛,戴震是研究《诗经》的第一人,并开一代《诗经》研究的务实之风。周中孚在其所作的《郑堂读书记》中,对《毛郑诗考正》和《杲溪诗经补注》评价说:"是书于毛《传》、郑《笺》无所专主,多自以己意考证,或兼摘传笺考正之,或专摘一家考正之,或止摘经文考正之。大都俱本古训古义,推求其是,而仍以辅翼传笺为主,非若宋人说《诗》诸书,专以驳斥毛、郑而别名一家也";"是书采辑毛《传》、郑《笺》、朱《传》三家之说于经文之下,而自为说以发明之。大旨与所作《毛郑诗考正》相同,而此更博稽群籍,以相参证。并于各章后自为小序而为之说,亦依傍原序,及《传》《笺》之说为之。不似《集传》及何氏《世本古义》诸书,全然自创一序也。"②这一评价是中肯的,"惟求其是,不主一家"成为后来治《诗》名家所遵循的重要原则(如焦循的《毛诗补疏》、胡承珙的《毛诗后笺》、马瑞辰的《毛诗传笺通释》、陈奂的《诗毛氏传疏》等)。有一实例足见其"惟求其是"的务实之风。

《生民》是一首关于周族历史传说的诗。诗中写姜嫄通过祭祀求子,因踩到上帝遗留的足迹,有感而孕,生下周族始祖后稷。后稷有母无父的传说,本是远古母系氏族社会的反映。但儒者囿于父权观念,不能正确解释,以致戴震说:"此诗异说纷然,秦、汉间儒已莫能征考,治经所当阙疑者也。然其事关礼典之大,又不可徒守阙疑之义。"③更有甚者,有人为

---

① 杨应芹,诸伟奇.戴震全书:第6册[M].合肥:黄山书社,2010:378.

② 杨应芹,诸伟奇.戴震全书:第7册[M].合肥:黄山书社,2010:320.

③ 杨应芹,诸伟奇.戴震全书:第1册[M].合肥:黄山书社,2010:645.

维护父权，竟附会地硬给姜嫄配上一个丈夫，如《大戴礼·帝系》曰："帝喾上妃姜嫄。"①戴震批驳了这些牵强附会之说，而据《诗经》《周礼》综合考证之："《周礼》享先妣在享先祖之前，郑《注》云：'周立庙自后稷为始祖，姜嫄无所妃，是以特立庙而祭之'。"②戴震据此认为周人特立姜嫄庙之意，是因后稷上无所祖，不得不妣姜嫄一人。他又引证其他材料，力驳《大戴礼·帝系》所言为"失实之词，徒以傅会周人帝喾为其祖之所自出"③。戴震还进一步指出："商人祖契，于上亦更无可推。故《商颂》言有娀，与周之但言姜嫄同。不然，何异知母而不知父？"④说明了始祖之上但举女妣是普遍现象。可见，戴震不盲从误说，而本着"惟求其是"的精神考证历史事实，在客观上为母系氏族社会的存在提供了有力的证据。

六、传注《尚书》

《尚书》是我国古代奴隶制时代早期的一部历史文献汇编。戴震在晚年，写成《尚书义考》二卷，是他未成书之一种。洪榜在《戴先生行状》中称它为《今文尚书经》。《尚书义考》卷首有《义例》十四条，三千余言，十分详备，从《尚书》今古文的传授存佚、篇章分合，至各类旧注的去取原则、转录格式等，无不一一说明，足见戴震对编撰是书的深思熟虑与审慎的态度。

从已成的《虞夏书》可知，著者对经文异同的考订，一丝不苟。书中于经文下标明"某，当从古本作某"，又在按语中详加辨识，务在求实。至于词语训诂，不但广采汉人传注，而且对宋以后的训释也有所采择，不厌其烦地具列异义，然后再加按语折衷之，以明去取。如卷一"日中星鸟，以殷仲春"句，马融、郑玄释"殷"为"中"，苏轼释为"当"，戴震则据《史记·天官书》中的宋均、张守节注而同意苏说，共列异义七条，按语二千五百多字⑤。

① 杨应芹,诸伟奇.戴震全书:第1册[M].合肥:黄山书社,2010:645.
② 杨应芹,诸伟奇.戴震全书:第1册[M].合肥:黄山书社,2010:645.
③ 杨应芹,诸伟奇.戴震全书:第1册[M].合肥:黄山书社,2010:645.
④ 杨应芹,诸伟奇.戴震全书:第1册[M].合肥:黄山书社,2010:646-647.
⑤ 杨应芹,诸伟奇.戴震全书:第1册[M].合肥:黄山书社,2010:36-43.

戴震在书中，对不妥当的旧说予以指正而不苟同，旁采他证以推定己见，如卷二"舜让于德弗嗣"句，孔《传》、林之奇、许谦皆解"嗣"为"继位"，而戴震则以《毛诗》《韩诗》中"嗣""怡"互通为证，指出"弗嗣"即"不怡"，与《史记》载"舜让于德不怿"相合①。其于名物典制、天文历象的考究，往往博引旁证，穷源竟委，如卷二中释"璇玑玉衡"和"禋于六宗"，洋洋洒洒均多达二三千言②。而最难能可贵之处，在于戴震不存今文、古文及汉学、宋学门户之见，与同时代人相比，显示出一代宗师的大度。就已成的篇章而言，不是最后定稿，有的按语繁碎冗长，释义也偶有失当，但其资料之丰富，则是他书所未及。梁启超在所撰的《戴东原著述纂校书目考》中评价该书道："先生所著书，未见有申明义例郑重如是者，殆其精心结构之作，惜仅得《尧典》一篇而止。使天假之年，此书获成，必能掩江声、段玉裁、王鸣盛三家之书而上之也。"③（注：三书指江声的《尚书集注音疏》、段玉裁的《古文尚书撰异》、王鸣盛的《尚书后案》）

《尚书今文古文考》，是戴震研究《尚书》的又一成果，作于乾隆二十八年（1763）戴震四十一岁之前。文章约相当于《尚书义考·义例》前四条，文中对今文、古文《尚书》的篇目做了详尽考证，并由篇目的增减过程推论了当时的学术传播情况，同时指出了汉晋之间《尚书》在流传时，东晋梅赜所献的古文《尚书》是伪古文《尚书》，实乃今文《尚书》而已。《尚书今文古文考》一文，把一部纷繁复杂的《尚书》今古文史讲得简明扼要，从而实际上可以成为后来《尚书》学的入门教材。对此篇文章，戴震自评甚高："《尚书今文古文考》，此篇文字却认真。"④

七、传注《学礼篇》

《礼经》有"三礼"，即《周礼》《仪礼》《礼记》。郑玄为"三礼"作注，开礼学研究先端，自此，"礼学""郑学"涵义相当。戴震曾说："郑

---

① 杨应芹,诸伟奇.戴震全书:第1册[M].合肥:黄山书社,2010:72-73.

② 杨应芹,诸伟奇.戴震全书:第1册[M].合肥:黄山书社,2010:74-77、79-83.

③ 杨应芹,诸伟奇.戴震全书:第7册[M].合肥:黄山书社,2010:715.

④ 杨应芹,诸伟奇.戴震全书:第7册[M].合肥:黄山书社,2010:188.

康成之学，尽在《三礼注》，当与《春秋三传》并重。"①但自古治礼诸家"纷如聚讼"，许慎撰《五经异义》与郑玄鼎足，朱熹以训诂、文献考核治三礼，著《仪礼经传通解》，江永则撰成《礼书纲目》八十五卷。

戴震十分重视研治礼学，他曾说："为学须先读《礼》，读《礼》要知得圣人礼意"；"为古文当读《檀弓》，余好批《檀弓》，朋侪有请余评点者，必为之评点。"②戴震曾打算著《七经小记·学礼篇》，"盖将取六经礼制纠纷不治，言人人殊者，每事为一章发明之"③。但《学礼篇》未能成书，只写成一些散篇，考证了古代的一些名物制度，它们是：《明堂考》，辨明了古代帝王宣明政教的地方——明堂的内部结构及其历史发展；《三朝三门考》，考辨古代天子、诸侯处理政事的场所都在三朝且各有一门；《匠人沟洫之法考》，考证了古代井田制的具体做法；《记冕服》《记皮弁服》《记爵弁服》《记朝服》《记玄端》《记深衣》《记中衣裼衣襦褶之属》《记冕弁冠》《记冠衰》《记括发免髽》《记经带》《记缫藉》《记捍决极》等"十三记"，论述了古代一系列服饰名物制度；《周礼太史正岁年解》二篇，辨析了周代历法；《乐器考》，考证了宫庭乐器制度；《与任孝廉幼植书》，纵论治礼之难，并就古代丧服制"小功"与"大功"之别，来区分《仪礼》等文献中"兄弟"和"昆弟"所指内涵不同，这在礼学史上尚属首次。

另外，戴震著成《深衣解》一卷。深衣是古代上衣下裳相连的一种服装，诸侯、大夫、士家居时所穿，也是庶人的礼服。《礼记》的《玉藻篇》和《深衣篇》记有古深衣之制，郑玄为之作注，但语义不详。孔颖达为《礼记》作疏时，已说不清深衣的裁剪方式。戴震作《深衣解》，分条列出经文，先引郑《注》、孔《疏》，然后折衷考辨，详尽地解说了古代深衣的样式、尺度、意义，同时，考订出古深衣的正确制作方法，且绘出剪裁制作的图样，这对于中国古代服饰的研究，无疑是有贡献的。它是以《记深衣》一文为提纲，详细地考辨诸多材料而成的，可见"礼学十三记"只是内容提要而已，都要梳理考释，写成《深衣解》的形式，足知《学礼篇》的写作规模是不小的，可惜未能完成。

---

① 杨应芹,诸伟奇.戴震全书:第7册[M].合肥:黄山书社,2010:187.

② 杨应芹,诸伟奇.戴震全书:第7册[M].合肥:黄山书社,2010:187、186.

③ 杨应芹,诸伟奇.戴震全书:第7册[M].合肥:黄山书社,2010:178.

后来，孙诒让对我国上古礼服制度中的重大问题作了更详细的考证，著《周礼正义》四十卷，但其许多看法都和戴震一致，书中多有"戴震是也""今依戴震"之语，可见戴震有关古代礼服制度的考释结论是经得起历史检验的，且他所从事的名物制度考证之学，后儒纷纷继之，这对深入具体地了解我国古代社会无疑有巨大作用。

### 八、对《易经》的考释

《易经》是很难读懂且最带神秘性的书。汉代，《易经》被列为五经之首，魏人王弼注《易经》，唐朝孔颖达作《周易正义》，北宋陈抟以道教中的丹鼎之术附会《易经》，传到邵雍、周敦颐时有《先天太极图》，程颐作《易传》，朱熹作《易本义》。清初诸儒向周、邵的先天《易》问罪，开始了用汉学研究《易》，如惠栋著《周易述》《易汉学》《易例》等等。

戴震早年肯定宋儒的《易》，他说："《周易》当读程子《易传》"①，并为朱熹的《河图》《洛书》之说开脱；到后期，戴震则以《易》《易传》作为批判程、朱的武器。戴震对《易传》的研究，并无专著，只有少量《易》学论文，如《周易补注目录后语》《法象论》《读易系辞论性》《与丁升衢书》《再与丁升衢书》等。但他在许多文章中，零星个别地提到《易经》《易传》的却很多。戴震具体考证了《易经》学的下列问题：（1）朱熹的《周易本义》被搅乱始于宋代宝祐年间（1253—1258）董楷所编的《周易传义》；（2）《易》的起因在文字上表象为六书假借；（3）《易经》的体例；（4）《易经》和《易传》的关系；（5）《易经》的篇目；（6）西汉费直没有改经乱《易》；（7）《十翼》并非全是孔子所作，等等。

### 九、对《春秋》的传注

《春秋》是鲁国的史书，今存本从鲁隐公至鲁哀公，历十二君计二百四十二年。但此书太简略，没有传注无法读懂，其传注流传至今的有《公羊传》十一卷、《谷梁传》十一卷、《左氏传》三十卷。戴震对《春秋》的传注，集中体现在《春秋改元即位考》与《春秋究遗序》。

---

① 杨应芹,诸伟奇.戴震全书:第7册[M].合肥:黄山书社,2010:187.

《春秋改元即位考》上、中、下三篇，作于乾隆十八年（1753）至乾隆二十八年（1763）间。他曾自述道："作《改元即位考》三篇，倘能如此文字做得数十篇，《春秋》全经之大义举矣。"①戴震对"春秋三传"都重视，从治经入手，推论史实。《春秋改元即位考》上、中篇多是对《春秋》名分辞例的考索，类似于《公羊传》《谷梁传》的"微言大义"；下篇则由名分辞例的考索进入历史奥妙的探求，具体地探讨了奴隶制时期最高权力更替时的仪式，相关的内容等级划分，《春秋》记述相关事例时使用的不同辞例等。

《春秋》是一种特殊体式的史书，有所谓"春秋笔法""微言大义"，戴震特别注重这一点，他说："《春秋》，鲁史也，有史法在。古策书之体，其例甚严。"②因此，读《春秋》就必须知其书法、义例："世变相寻，行事为史所不能书，于是书法淆乱，非有圣人之达于权，不知治变。是以《春秋》义例不可与鲁史记之例同条而论。"③基于这种情况，戴震主张研治《春秋》，首先就应从其书法、义例的特殊性出发来研究，进而才能发掘其中的大义，即阐发孔子的"笔削之意"。戴震认为学术史上存在的种种解释之误，就在于没有弄清《春秋》的书法、义例："何邵公、杜元凯诸人，徒据《传》为本，名为治《春秋》，实治一《传》，非治经也。唐啖、赵、陆氏而后，言《春秋》者一变。迨宋而'废例'之说出，是为再变。"④戴震反对"废例"之说："而'废例'之说，知其益疏矣"⑤，他认为桐城的叶书山研治《春秋》是成功的，原因就在于其《春秋究遗》一书能将《春秋》的书法、义例考订正确："更约为比例数十条，列诸端首，考定书法之正，然后以知变例及异文特文等，盖尽去昔人穿凿碎义，而还是经之始终本末。"⑥

戴震如此看重并强调要归纳《春秋》的书法、义例，其意旨在于欲寻求《春秋》的内在规则，进而思考历史的变迁，这是研究《春秋》的一种重要方法，即架起书本的深层体例与历史现实之间的桥梁，从而大大有助

① 杨应芹,诸伟奇.戴震全书:第7册[M].合肥:黄山书社,2010:152.
② 杨应芹,诸伟奇.戴震全书:第6册[M].合肥:黄山书社,2010:379.
③ 杨应芹,诸伟奇.戴震全书:第6册[M].合肥:黄山书社,2010:379.
④ 杨应芹,诸伟奇.戴震全书:第6册[M].合肥:黄山书社,2010:378-379.
⑤ 杨应芹,诸伟奇.戴震全书:第6册[M].合肥:黄山书社,2010:379.
⑥ 杨应芹,诸伟奇.戴震全书:第6册[M].合肥:黄山书社,2010:379.

于对该书更好地理解。此种《春秋》研治法，对后世有很大启发作用。

十、其他传注文献

体现戴震哲学思想的著作，如《经考》《经考附录》《原善》《孟子私淑录》《绪言》《大学补注》《中庸补注》《孟子字义疏证》等，是戴震对各种古籍、旧注进行同类合编以着重阐发某一问题，所以它们可看作是心得笔记体类型的传注、训诂之作，与随文注释（如《屈原赋注》等）和训诂专著（如《方言疏证》等）两种类型不同。

例如，戴震对"理"一词的阐释，就是广罗旧注而同类合编，进而极力地阐发自己的心得体会。

在《孟子私淑录》中，戴震如此说："举凡天地、人物、事为，不闻无可言之理者也，《诗》曰'有物有则'是也。就天地、人物、事为，求其不易之则是为理。"①接着，戴震将"理"进一步解释为："凡物之质，皆有文理（亦呼文缕。理、缕，语之转耳）。粲然昭著曰文，循而分之、端绪不乱曰理。故理又训分，而言治亦通曰理。'理'字偏旁从'玉'，玉之文理也。盖气初生物，顺而融之以成质，莫不具有分理，得其分则有条理而不紊，是以谓之条理。以植物言，其理自根而达末，又别于干为枝，缀于枝成叶，根接土壤肥沃以通地气，叶受风日雨露以通天气，地气必上至乎叶，天气必下返诸根，上下相贯，荣而不瘁者，循之于其理也。以动物言，呼吸通天气，饮食通地气，皆循经脉散布，周溉一身，血气之所循，流转不阻者，亦于其理也。理字之本训如是。因而推之，举凡天地、人物、事为，虚以明夫不易之则曰理。所谓则者，匪自我为之，求诸其物而已矣。《诗》曰：'天生烝民，有物有则；民之秉彝，好是懿德。'孔子曰：'为此诗者，其知道乎！'孟子申之曰：'故有物必有则，民之秉彝也，故好是懿德。'理也者，天下之民无日不秉持为经常者也，是以云'民之秉彝'。凡言与行得理之谓懿德。得理非他，言之而是、行之而当为得理，言之而非、行之而非、行之而不当为失理。好其得理，恶其失理，于此见理者，'人心之同然'也。"②

除此之外，在《孟子字义疏证》中，戴震对"理"字有一段更精彩的

①杨应芹,诸伟奇.戴震全书:第6册[M].合肥:黄山书社,2010:44.

②杨应芹,诸伟奇.戴震全书:第6册[M].合肥:黄山书社,2010:45-46.

阐述：

> 理者,察之而几微必区以别之名也,是故谓之分理;在物之质,曰肌理,曰腠理,曰文理(亦曰文缕。理、缕,语之转耳);得其分则有条而不紊,谓之条理。孟子称"孔子之谓集大成"曰:"始条理者,智之事也;终条理者,圣之事也。"圣智至孔子而极其盛,不过举条理以言之而已矣。《易》曰:"易简而天下之理得。"……《中庸》曰:"文理密察,足以有别也。"《乐记》曰:"乐者,通伦理者也。"郑康成《注》云:"理,分也。"许叔重《说文解字序》曰:"知分理之可相别异也。"……问:古人之言天理,何谓也? 曰:理也者,情之不爽失也;未有情不得而理得者也……天理云者,言乎自然之分理也;自然之分理,以我之情絜人之情,而无不得其平是也。①

戴震在这里采用了引伸推义（义训）的训诂方法,紧紧抓住"理"字含有"区分"的义项,收集、归纳、排比、合编了众多同类语言材料,把"理"引申为"分理""肌理""腠理""文理""条理""伦理""天理""情理"等含义,从而阐明了他对"理"的认识,为其进一步系统阐发唯物主义气本论思想和进步的政治伦理学说做准备。

## 十一、戴震在古文献传注学方面的特点

由上述戴震对古籍的传注成就,可以总结出戴震在古文献传注学方面的一些特点,主要有:（1）戴震注重选择传注的对象,其传注的对象主要是儒家经典或与之相关的文献。（2）对不同的经典著作,戴震传注的侧重点有所不同,因而会选用不同的具体传注方式,如传、考证、注、解、疏证、图等。而从类型上看,则有心得笔记型、随文注释型和训诂专著型等。（3）解经与说字相结合,以字考经,以经考字。（4）重视古说但又不盲目迷信之。（5）尽量采用年代较早的文献材料,多用汉儒之成果,因为他认为,汉人因距经籍产生的时代较近,故而他们的解释更可信。（6）尽可能地广搜旧注与古疏,以比类勘校,择优而取。（7）释义力求简单扼要,而不求繁琐考证。（8）传注经典的终极目的是揭示义理。

---

① 杨应芹,诸伟奇.戴震全书:第6册[M].合肥:黄山书社,2010:149–150.

# 第三节　戴震在古文献目录学方面的成就

古典文献目录学以校勘、目录、版本为主体，涉及文献编纂、古籍整理、工具书等，旨在部次条别，推阐大义，辨章学术，考镜源流，使学者即类求书，因书究学。文献目录是一种专门记录历史文献的种类、名称、作者、内容要点、学术价值、版本以及流传等情况的工具书体裁，包括单书目录和群书目录。单书目录原称录，开始于西汉刘向、刘歆校书时进行的编目作序。这种单书书录，目与序合起来统称为录，录又或与目连称为目录。单书目录还有一种简目，只简要地著录书名及著者、卷数、版本、行款等情况。群书目录是按一定分类依次记载众多书籍的书目，开始于西汉刘向、刘歆校理群书时所著的《别录》。他们每校完一书就要写好该书的书录随书上奏朝廷，后来他们把所有单书书录按不同类别汇编成《别录》，《别录》就是最早的群书目录，可惜现在已佚失不存。

文献目录学的主要具体内容包括提要、序言和跋。提要就是解题目录，即部类前后有序，书名之下有解题。解题又称叙录（序录、题要、提要等），其内容主要是用以记述作者生平，概括一书大旨，品评是非得失，考辨受授源流，考订文字讹谬等。这类书目不仅可供检寻图书之用，还可以从中探究文化、学术发展概况，即所谓"辨章学术，考镜源流"，因它最为有用，故最被重视。简明书目是仅记书名，无序录或解题。序言又称叙言、前言、弁言、序等，一般放在正文之前，交代书的基本内容、结构和价值，介绍材料背景及作者生平等。跋也称后记、后序、题跋、跋语，一般放在正文之后，其内容与序大体相似而进一步对序言加以补充。

戴震在整理、研究古文献时，撰写过很多的书籍提要、序、跋、目录、目录后语等等，为我国文献目录学作出了一定的贡献。

一、撰《四库全书总目》天算类提要

戴震撰写过《四库全书总目》中的天文、算法类提要。《四库全书》编修时，同步编成《四库全书总目提要》（以下简称《总目》）二百卷，后又编成《四库全书简明目录》二十卷。《总目》正式著录书籍三千四百七十种。同时，为了普查图书的内容，还将《四库全书》不收的书籍，也编写了提要，即"存目"。《总目》在每一类目录提要之后都附有存目，存目之书有六千七百六十六种。著录之书和存目之书共一万零二百二十三种，十七万二千六百二十六卷。

《总目》自1773年7月至1781年3月完成初稿。后又经多次修改，约于1793年由武英殿定稿付印，历二十余年。它分为经、史、子、集四部，各部有"总序"，叙述各部文献的历史源流；四部之下又列类（经部十类、史部十五类、子部十四类、集部五类），各类有小序，类后有跋语；类之中又有子目，子目之下有案语，从而使全书结构整齐、系统连贯，并且每书都有提要，这正合乎目录学的"辨章学术，考镜源流"的原则。

《总目》在中国古代文献目录学史上，以其空前的规模、丰富的内容、科学的分类、严谨的体例和具体的实用性，成为继刘歆的《七略》、唐代的《隋书·经籍志》、郑樵的《通志·艺文略》之后的集大成巨著。它在史料鉴别上有科学的态度，所收书的数量也是空前的，然而多而不杂。参加修纂此书的，大都是当时的著名学者，如戴震、邵晋涵等。无论是各省进献的书，还是从《永乐大典》中辑出的书，他们都分工校阅，各就所长。他们撰写的分目提要，穷源溯委，辨别考证，有扎实的功底和实事求是的态度。

《总目》主要由纪昀负责编撰、审改，而参与撰写提要的前后不少于三百人，戴震是其中的主要人物之一。他们最初都能运用我国传统的提要编写方法，记载图书的卷数、版本、文字异同等，客观地揭示图书的内容。如现在留存下来的邵晋涵、翁方纲、姚鼐、戴震、周永年、任大椿等所拟的提要稿都有相当丰富的内容。但他们在馆工作时间不长，且从他们所拟原稿来看，一书有时由多人拟稿，而《总目》多只部分采用他们所拟的意见，说明《总目》是由纪昀、陆锡熊在他们的"总目协勘官"帮助下，做了很大的综合、笔削、补充工作，以适应清廷的需要。

由于此时戴震在天文、历算方面已取得卓越成就，影响较大，所以《总目》子部的天文、算法类提要主要由戴震负责撰写。这些提要篇后题名纪昀、陆锡熊、戴震三人，但纪昀、陆锡熊在四库馆任总纂官之职，对天文、算法又不甚熟悉，故提要主要出自戴震之手。

天算类提要中，天文（即推步，指星体距离与出没时间的计算）类有书三十一部四百二十九卷，算书类二十五部二百卷，皆依撰述的时代先后次序编入《总目》。每部各撰提要一篇，将本书原委、著者及其世次爵里作简要叙述；其书之著作时代、名称、卷数等，若有疑问，则加以考据辨正，如《五经算术》，其提要云：

> 《五经算术》二卷，北周甄鸾撰，唐李淳风为之注。鸾长于步算，仕北周为司隶校尉、汉中郡守。尝撰《周天和年历》及注《九章》《五曹》《孙子》《周髀》等算经，不闻其有是书。而《隋书·经籍志》有《五经算术》一卷、《五经算术录遗》一卷，皆不著撰人姓名。《唐·艺文志》则有李淳风注《五经算术》二卷，亦不言其书为谁撰。今考是书举《尚书》《孝经》《诗》《易》《论语》《三礼》《春秋》之待算乃明者列之，而推算之术，悉加"甄鸾按"三字于上，则是书当即鸾所撰。又考淳风当贞观初作诏与算学博士梁述、助教王真儒等刊定算经，立于学官。唐《选举志》及《百官志》并列《五经算》为"算经十书"之一，与《周髀》共限一年习肄，及试士各举一条为问，此书注端悉有"臣淳风等谨按"字。然则唐时算科之《五经算》，即是书矣……①

由此可见，戴震所撰的提要，符合《总目》卷首凡例所要求的内容及规范："先列作者爵里，以论世知人；次考本书之得失，权众说之异同，以及文字增删、篇帙分合，皆详为订辨，巨细不遗；而人品学术之醇疵，国纪朝章之法戒，亦未尝不各昭彰瘅，用著劝惩。"②

天文类书目提要之后，附识语交代天文与算书类在性质上的区别："诸家算术为天文而作者入此门，其专言数者则别立为算书一类。"③在天文、算法类提要的最后，附此类存目之书的提要，有天文类二十三部一百二十七卷、算书类四部二十三卷，计二十七篇提要。

戴震所撰的天算类提要，其主要特点是注重对各书源流演变的考证，以符合此类书之前的类序所述的要求："考校诸家，存古法以溯其源，秉新制以究其变。古来疏密，厘然具矣。"④例如，《周髀算经》是戴震从《永乐大典》中辑出的最古老的算书，其源流变迁在提要中被阐述的清清

---

① 杨应芹,诸伟奇.戴震全书:第6册[M].合肥:黄山书社,2010:633.

② 纪昀.四库全书总目提要:第1册[M].石家庄:河北人民出版社,2000:45.

③ 纪昀.四库全书总目提要:第3册[M].石家庄:河北人民出版社,2000:2724.

④ 纪昀.四库全书总目提要:第3册[M].石家庄:河北人民出版社,2000:2696.

楚楚："《隋书·经籍志·天文类》，首列《周髀》一卷，赵婴注。又一卷，甄鸾重述。《唐书·艺文志》：李淳风释《周髀》二卷，与赵婴、甄鸾之注列之《天文类》，而复列李淳风注《周髀算经》二卷于《历算类》，盖一书重出也。是书内称周髀长八尺，夏至之日晷一尺六寸。盖髀者股也，于周地立八尺之表以为股，其影为勾，故曰'周髀'。其首章，周公与商高相问答，实勾股之鼻祖。故御定《数理精蕴》载在卷首而详释之，称为成周六艺之遗文。"①

二、撰写校书提要

根据四库馆谁校某书谁写定提要的定规，由戴震所校定的古书，其提要也出自戴震之手。这些校书提要，有子部天文、算法类"算经十书"提要，即《周髀算经》《九章算术》《孙子算经》《五曹算经》《夏侯阳算经》《五经算术》《海岛算经》《张丘建算经》《辑古算经》《数术记遗》等十书的提要，还有经部的《仪礼识误》《仪礼集释》《仪礼释宫》《大戴礼记》《蒙斋中庸讲义》《方言注》《项氏家说》以及史部的《水经注》提要。它们大都写成了该书的书录史，并着重强调本书的价值，如：

《仪礼识误》提要，重点叙述了该书版本源流情况及它对校补《仪礼》的重要性："《仪礼识误》三卷，宋张淳撰。淳字忠甫，永嘉人。乾道八年，两浙转运判官直秘阁曾逮刊《仪礼郑氏注》十七卷、陆氏《释文》一卷。淳为之校定，因举所改字别为是书……然是书存，而古经汉注之讹文脱句藉以考识，宋椠诸本之不传于今者亦藉以存其崖略。其有功于《仪礼》，诚匪浅小。今谨加案语，正其得失，俾瑜瑕不相掩。其原本残缺处，亦考订补缉，各附于下方。是书《宋史·艺文志》作一卷，而陈振孙《书录解题》《文献通考》咸作三卷。考淳《自序》言：'哀所校之字次为二卷，以《释文》、误字为一卷附其后，总为三卷。'则《宋志》'一卷'为传写之误明矣。"②

在《仪礼集释》提要中，戴震考证出李如圭与朱熹是同时代人，并着重评述了该书对校补《仪礼》的作用："《仪礼集释》三十卷，宋李如圭撰。如圭字宝之，庐陵人，官至福建路抚干。案《宋中兴艺文志》曰

第三章 戴震在古文献学上的成就

① 杨应芹,诸伟奇.戴震全书:第6册[M].合肥:黄山书社,2010:627.

② 杨应芹,诸伟奇.戴震全书:第6册[M].合肥:黄山书社,2010:614-615.

'《仪礼》既废，学者不复诵习……朱熹尝与之校定礼书，盖习于礼者'云云。则如圭当与朱子同时……《仪礼》一经因治之者希，经文并注往往讹脱。如圭生于南宋，尚见古本，今据以校正……以成《仪礼》之完帙。"①

在《仪礼释宫》的提要中，戴震指出，该书是考论古人宫室之制并且是仿照《尔雅·释宫》而条分缕析之。古代宫室都有特定的规制，经历朝历代长期变更，遂逐渐失去其本来面目，读《仪礼》也不能完全知晓其详细情况，而该书能解答古代宫室规制的详情："古者宫室各有定制，历代屡变渐非其旧。如序楹、楣、阿、箱、夹牖、户，当荣当碑之属，读《仪礼》者倘不能备知其处，则于陈设之地，进退之位，俱不能知，甚或以后世之规模臆测先王之度数，殊失其真。是篇之作，诚治《仪礼》者之圭臬也。"②

在《大戴礼记》提要中，戴震从文献目录学史的角度，叙述了该书的流传经过，形成了该书的书录史："《大戴礼记》十三卷，汉戴德撰。《隋书·经籍志》云：'《大戴礼记》十三卷，汉信都王太傅戴德撰。梁有《谥法》三卷，后汉安南太守刘熙注，亡。'《崇文总目》云：'《大戴礼记》十卷三十五篇，又一本三十三篇。'《中兴书目》云：'今所存止四十篇。'晁公武《读书志》云：'篇目自三十九篇始，无四十三、四十四、四十五、六十一四篇，有两七十四。'而韩元吉、熊朋来、黄佐、吴澄并云两七十三，陈振孙云两七十二，盖后人于《盛德》第六十六，别出《明堂》一篇为六十七。其余篇第，或至《文王官人》第七十一改为七十二，或至《诸侯迁庙》第七十二改为七十三，或至《诸侯衅庙》第七十三改为七十四。故诸家所见不同，因有新析一篇则与旧有之一篇篇数重出也。"③戴震还考证出书中《盛德篇》分出《明堂篇》是在隋、唐以后的事；《夏小正》篇是书中最古老的篇目，隋、唐间流传的该书或缺《夏小正》，而《诸侯迁庙》《诸侯衅庙》《投壶》《公冠》等篇都是《礼》古经遗文；《汉书·艺文志》有《曾子》十八篇，但很早就亡佚了，《大戴礼记》只保存有《曾子》十篇，即自《立事》至《天圆》篇，这十篇题目上均冠以"曾

① 杨应芹,诸伟奇.戴震全书:第6册[M].合肥:黄山书社,2010:615-616.

② 杨应芹,诸伟奇.戴震全书:第6册[M].合肥:黄山书社,2010:617.

③ 杨应芹,诸伟奇.戴震全书:第6册[M].合肥:黄山书社,2010:618.

子"二字。

三、其他目录学文章

戴震在进行文献整理与研究时，对自著或他人所著的许多书籍的版本、源流、篇目、主要内容等情况加以考证、叙述，撰写了许多文献的序、跋、目录、目录后语等目录学性质的文章，主要有：

《毛诗目录》，介绍《诗经》的基本情况：风、雅、颂为诗三体，赋、比、兴为诗三义，并详细列出了国风、小雅、大雅的篇章目录。

《毛诗补传序》，是戴震为《毛诗补传》所作的自序。序中阐明《诗经》的主旨在"思无邪"，诗作者皆忠臣、良友之言，并表明此著乃是就全诗考其名物字义于各章之下，而不是以作诗之意衍其说。

《大戴礼记目录后语》，阐明《大戴礼记》的源流演变以及所存三十九篇篇目情况。

《周易补注目录后语》，叙述了《易经》的源流及十二篇篇目的分合，指出西汉费直没有改经乱《易》，《十翼》并非全是孔子所作等问题。

《顾氏音论跋》，指出《广韵》已无善本，这导致唐宋在用韵及其沿革上有所异同。自隋陆法言定《切韵》五卷，长孙纳吉于唐仪凤二年（677）为之笺注，天宝十年（751），孙愐增修后改名《唐韵》，天宝末年（756）又改为《韵英》；宋景德四年（1007），崇文院修《校定切韵》五卷，大中祥符元年（1008），改为《大宋重修广韵》。该跋文中还对《广韵》的篇目、字数做了详尽考证，并补正顾炎武的《音论》中所失考的问题。

《尔雅文字考序》，是戴震传注《尔雅》所作《尔雅文字考》的序言，文中除论述了《尔雅》是训诂专著、对治经必不可少外，还指明了《尔雅》六家旧注皆阙逸、难以辑缀、删节不全或尤多疏漏。因此戴震传注《尔雅》十分必要，所成的《尔雅文字考》也是价值非凡，但戴震十分谦虚，在文中特意点明所成的《尔雅文字考》，"亦聊以自课而已"[1]。

《尔雅注疏笺补序》，是戴震为任基振（字领从，号松斋，江南高邮人）所作的《尔雅注疏笺补》一书所写的序言，作于乾隆三十七年

① 杨应芹,诸伟奇.戴震全书:第6册[M].合肥:黄山书社,2010:273.

（1772）。文中阐明《尔雅》是六经的通释，然而由于时间的久远，六经难明，《尔雅》本身也不易读懂。文末说明了受任基振嘱托而为之作序的过程，并肯定《尔雅注疏笺补》一书"考索精详，辨据明皙，则读其书者固自知之"①。

《六书论序》，是戴震在乾隆十年（1745）所撰成的《六书论》三卷的序言。序言中对汉以来诸家言文字六书者的学说进行考辨并纠正其谬，进而自然而然地说明了撰写《六书论》的意义与价值。

《转语二十章序》，是戴震于乾隆十二年（1747）为声训（音训）之书《转语二十章》所作的自序。序中，戴震探讨了上古声母系统以及根据义附于音原则而探求的由声音求训诂之基本方法，文末特别指明了此书的价值所在："昔人既作《尔雅》《方言》《释名》，余以谓犹阙一卷书，创为是篇，用补其阙。"②

《续天文略序》，是戴震未完成之著作《续天文略》的自序，作于乾隆三十二年（1767）。此年，清朝开馆纂修《续三通》（《续通志》《续通典》《续文献通考》）。其中，《续通志·天文略》部分由戴震续之，即戴著《续天文略》。序言中，戴震叙述了南宋郑樵的《通志·天文略》存在的主要问题，进而说明写作该书的目的在于"补前书阙遗，或赓所未及"③。序言末尾还详细列出了著作的十个篇目。

《水经郦道元注序》，是戴震自刻本《水经注》的序言，作于乾隆三十七年（1772）戴震主讲浙东金华书院期间。序中说明了《水经注》的注录、版本、流传情况，区分了经注的三大义例，并指正了《水经》的成书年代。文末还详细列出了所涉及的一百多条河流的名称。

《应州续志序》，是戴震为吴江编纂的《应州续志》所作的序言（实乃代山西冀宁道徐浩而作），作于乾隆三十四年（1769）。文中说明了作序的情由，指出了志书的两大遗漏，并阐述了修志首先要重视地理沿革的思想。

《策算序》，是戴震的数学专著《策算》的自序，作于乾隆九年（1744）。序言中说明了中国传统的几种古筹算，而策算实乃西洋筹算，为

---

① 杨应芹,诸伟奇.戴震全书:第6册[M].合肥:黄山书社,2010:275.

② 杨应芹,诸伟奇.戴震全书:第6册[M].合肥:黄山书社,2010:303.

③ 杨应芹,诸伟奇.戴震全书:第4册[M].合肥:黄山书社,2010:34.

区别西洋筹算与中国传统筹算，便将前者改名为策算。

《刊九章算术序》，戴震在四库全书馆从《永乐大典》中辑佚、校定出《九章算术》后，即被武英殿付刻，收入"武英殿聚珍版丛书"，本文即是戴震为之而作的序言。序中叙述了《九章算术》失传已久，所幸在《永乐大典》中被发现，而辑佚本很快被几家刊刻、流传开来。

《夏侯阳算经跋》，是戴震为其从《永乐大典》中辑佚出的《夏侯阳算经》而作的跋言。跋言中指明了此书的几种古注，并考辨了作者为晋人及其年代。文末另评价了此书在古算学中的价值。

《孟子字义疏证序》，是乾隆四十一年（1776）戴震为其哲学巨著《孟子字义疏证》所作的自序。序中阐述了《孟子》之书的义旨，说明了《孟子字义疏证》三卷的缘由，并详细列出了其内部篇目。

《古经解钩沈序》，是戴震为余仲林的《古经解钩沈》所作的序言。序言中除肯定了此书的价值外，重点阐发了由语言、文字通词，以词通道的治学方法论。

《诗比义述序》，是戴震于乾隆四十一年（1776）为王千仞（字涵斋，江苏金匮人）著的《诗比义述》所作的序。此序主要是就《诗经》的赋、比、兴问题作专门论述，认为读《诗》应该抓住"比"，这样就可以连带解决"赋"与"兴"的问题，从而对诗篇作出正确的理解。

《春秋究遗序》，是戴震为桐城叶书山研治《春秋》而著的《春秋究遗》一书所作的序。序中阐明研治《春秋》，首先就应从其书法、义例的特殊性出发来研究，进而才能发掘其中的微言大义，学术史上存在的种种解释之误，就在于没有弄清《春秋》的书法、义例，叶书山研治《春秋》是成功的，原因就在于其《春秋究遗》一书能将《春秋》的书法、义例考订正确。

《考工记图序》，是戴震为其著《考工记图》所作的自序。序中叙述了《考工记》讹误特多致使古制难明，进而归纳了《考工记图》的三大作用：补《考工记》原书的不足；纠正郑注之误；验证古人遗器原物。

《考工记图后序》，是戴震为其著《考工记图》所作的后序。序中主要叙述了所著《考工记图》对明古制的意义，并列出了原书中郑注的几处错误，从而说明了删除郑注误说而为补注的必要性。

《六书音均表序》，是乾隆四十二年（1777）春戴震为段玉裁的音韵学巨著《六书音均表》所作的序。序中简述了古音学的源流发展，肯定了段玉裁的韵部分类说，并盛赞段玉裁学精识卓。文末还论述了训诂对治经学的重要意义。

《方言疏证序》，是戴震为其著《方言疏证》所作的自序。序中概述了《方言》及其注的源流、发展、影响，驳斥了洪迈对《方言》的质疑，并指明从《永乐大典》中辑出《方言》后校勘、疏证而使之终成完书。

《屈原赋目录序》，是戴震为其著《屈原赋注》所作的自序。序中简述了《屈原赋》的篇目，屈原书"经之亚"的义旨，作《屈原赋注》的意图及其注的功效。并说明《离骚》至《渔父》为屈原所著，汉初传其书不名《楚辞》，故《汉书·艺文志》列之赋首。《屈原赋》二十五篇，至于宋玉以下，不免为辞人之赋而非诗人之赋。

《重刊五经文字九经字样序》，是戴震为孔继涵（清著名藏书家、金石学家、刻书家。字体生，一字埔孟，号荭谷，别号南州，自称昌平山人，山东曲阜人）重刊《五经文字》《九经字样》二书所作之序。序中叙述了二书的版本、源流情况，并称赞孔之刻书对识字、治经的重要作用。

《孟子赵注跋》，是戴震为其友赵文游所藏赵岐注《孟子》的两个校本所作的跋语。该跋语主要说明了两个校本的情况：一有"虞山毛扆手校印记"，称小宋本、元本、校本；另有宋本或称廖氏本，而每卷卷末，多记有从吴文定抄本一校。

《序剑》，是戴震为方友瑞的《检书看剑图》所作的序言。序中考证了古剑之制，强调佩剑者应明剑之用、剑之德，进而论述为学当志在闻道。

《沈学子文集序》，是乾隆三十六年（1771）戴震为沈大成（1700—1771年，字学子，号沃田，江苏华亭人）的文集所撰写的序言。序中力赞沈大成的治学态度、特点及其学业成就、文章特色，交代了受托作序的情由，并重点论述了小学故训对治经学的作用。

《董愚亭诗序》，是乾隆三十六年（1771）戴震代某人为董愚亭的《半壁山房诗集》所作的序言。序中叙述了董愚亭的《诗集》的刻本情况，称赞董愚亭的好学精神，重点阐述了其"文以载道"的诗文评品标准。

《沈处士戴笠图题咏序》，是乾隆二十五年（1760）戴震为沈大成的《戴笠图》所撰写的序言。序中简述了与沈大成相识的过程，称赞沈大成为卓然儒者，而重点论述了自己淡泊功名、安贫乐道的心志。

《族支谱序》，是戴震为戴氏宗族所修族谱而作的序言。序言中，戴震基于对史籍所载史事进行了详细的考证后，写出了戴氏氏族的谱系，进而阐述了自己的反对牵强附会、提倡分明是非的修谱思想。

《温方如西河文汇序》，是乾隆三十六年（1771）戴震为温方如的《西河文汇》所作的序。序中简述了两次去山西修志之事，交代了作序之缘由，评述了温方如对西河地区的历史沿革考证及其书名情况，并主要表述了在山西修志时的部分考据心得。

《重修孝义县志序》，是戴震为孝义县令邓必安代作的乾隆三十五年（1770）刊《重修孝义县志》之序言。序言简述了重修孝义县志的情由，并对孝义的疆域沿革进行了考证。

《汾州府志序》，是乾隆三十五年（1770）戴震代知府孙和相为《汾州府志》所作的序言。序中阐述了制度本《周礼》，并对汾州部分地区的沿革加以考证。

《汾州府志序二》，是乾隆三十五年（1770）戴震代朱珪（1731—1807年，字石君，号南崖，晚号盘陀老人）为《汾州府志》所作的一篇序言。序中对汾州府一州七县之沿革加以考证，并着重阐述了以山川为主而求其郡县的修志主张。

《永宁州志序》，是乾隆三十五年（1770）戴震代王兴谷为《永宁州志》所作的序言。序中对永宁州之部分山川、人物加以考证。

《浔阳义庄志略序》，是戴震代陈兆仑（1700—1771年，字星斋，号句山，浙江钱塘人）为《浔阳义庄志略》所作的序言。序中盛赞陶卫扬置义庄之举，并简列《浔阳义庄志略》八卷的内容。

《宁乡县志序》，是乾隆三十五年（1770）戴震代知县朱懋炳为《宁乡县志》所作的序言。序中对县境内部分故实加以考证，并叙述了旧志之弊端。

《寿阳县志序》，是乾隆三十五年（1770）戴震为寿阳县令龚导江所修《寿阳县志》而作的序言。在序中，戴震辨正了晋、隋、唐史书中的"寿""受"二字的讹乱，对寿水进行了考证，评述了此志书的优点，并力赞龚导江在寿阳的政绩。

《蒋秋泾诗集序》，是乾隆三十三年（1768）戴震为徐昆、朱筠所辑《蒋秋泾诗集》题写的序文。文中叙说了《诗集》的篇数、辑录缘由等情况。

《闽中师友渊源考序》，是戴震为李清馥（字根侯，福建安溪人）撰的《闽中师友渊源考》（又名《闽中理学渊源考》九十二卷）所题写的序言。序中简述了闽中理学自宋以来之传承，书之所以作的缘由，并力赞著者之深厚家学。

《跋吴潜夫残本圣教序》，是戴震为吴覃所藏其父吴潜夫的《圣教序》残本题写的跋语。文中叙述了吴覃得《圣教序》残本之简况，称赞其重先父之书、尊先父之人的优良品质。

《九数通考序》，此序是戴震为朋友屈曾发（字鲁传，号省园，江苏常熟人）的《九数通考》一书而作的。在这篇序中，戴震除了感叹古《九章算术》的长期失传，除了对屈省园的《九数通考》加以高度肯定外，还表达了一个重要观点，这就是古九数乃道义合一，它是为国家分理斯民的儒士所必备的一项技能，因而是非常重要的，不能等闲视之。

《汾州府志例言》，是戴震为乾隆年间所修方志《汾州府志》题写的例言（相当于前言、凡例）。文中考证了汾州的历史沿革，并着重提出了重沿革、重考据、重民生等较为完整的方志理论。

《汾阳县志例言》，是戴震为乾隆年间所修方志《汾阳县志》题写的例言。文中对汾阳的古今沿革加以较详细的考证，并阐述了重地理沿革、山川地图等修志思想。

《海岛算经跋》，是乾隆四十年（1775）四月，戴震为孔继涵刊刻"算经十书"之一的《海岛算经》所写的跋语。文中考证了此书在唐以前误为《九章算术》之一卷的缘由，唐之后才改有海岛之名。文末还叙说了此书不传，今从《永乐大典》中辑录成一卷的情况及其书之价值。

## 第四节  戴震在古文献版本学方面的成就

古文献的记录载体一般有甲骨、金石、竹木、帛、纸等。版本是文本的一种，指同一部书在编辑、传抄、版刻、排印、装帧乃至全部流传过程中所产生的各种形态的本子，版本类型主要分为抄写本和刻印本。

版本学的内涵相当丰富，如关于图书的发生和发展，各个本子的异同优劣，制版和印刷的技术，版本的鉴别，装订的演变，以及研究版本学的历史等等。古籍版本学的内容，包括鉴定古籍版本的年代和真伪，研究古籍版本的异同和优劣，考察古籍版本的源流和系统等问题。

版本学的作用主要是：古书版本复杂，优劣杂陈，治文献考据学应选择可靠的版本，如不注意选择版本，往往容易受误本之欺；对古籍校勘时特别需要用版本学作指导。校勘有对校、他校、本校、理校四种方法，其中对校是最基本的方法。对校就是同一种书的不同版本之间的校勘，因此对校的前提是调查、了解同一书的各种版本，广备众本，在考清版本源流的基础上，确定底本和校本。

正因为如此，戴震在对古文献进行整理时，也注重对某些古籍的版本进行研究，阐述了一些古籍版本学的思想，探讨了一些古籍版本学的方法，从而在古籍版本学方面作出了一定的成就。

一、戴震在古籍版本学方面的思想与方法

（一）推崇文献古本、善本的思想

文献版本越古，所记载的内容越接近事实，杂乱臆改和倒衍讹脱现象越少，其真实程度、可信程度也就越高，所以古本、善本比近世多次传抄的抄写本的史料价值要大得多。宋、元时期的版本，由于流布较稀少，加上传抄、刻印次数少，讹错谬误较少，因此宋版、元版古籍一般都是珍籍善本。对此，戴震在多年的古籍整理实践中，也有这种认识，此即他所说的："书，年代略旧，便有些子好处。"①清代学者多通晓古籍版本学，广备众本、精选珍本，作为考据的重要前提。戴震也是如此，他在对古籍的考证、校勘时，多方搜集异本并精心挑选善本为底本，以纠正讹舛、订正错漏。如他在早年校勘《大戴礼记》时，共搜集到五种版本（宋本一、元、明本四），对其中的宋本，戴震更为珍视，将之作为最重要的底本，再比对其他四个版本而互相校对："余尝访求各本，得宋本一、元明本四。宋本亦有讹失，余合五本参互校正。"②

（二）不盲目迷信宋本的实事求是思想

雕版印刷业在宋代开始繁盛，为书籍的广泛流传和普及创造了条件。

121

① 杨应芹,诸伟奇.戴震全书:第7册[M].合肥:黄山书社,2010:189.

② 杨应芹,诸伟奇.戴震全书:第2册[M].合肥:黄山书社,2010:287.

宋版书因其校刻精细和流传稀少，呈现出极大的文献学价值。到了清代，世人多视宋版书为珍宝。或为治学，或为显富；或珍视有加，或顶礼膜拜，由此形成佞宋之风。宋本珍贵招致赝本增多，就是真正的宋版书也不可能一字不错，因此真正治学的清儒不会盲从佞宋之风。戴震即是如此，他不盲目迷信宋本，而是以实事求是的态度对待宋本，此即他所说的："宋本不皆善，有由宋本而误者。"①言下之意，宋版书也不是全部都尽善尽美，也有讹错谬误；元、明本也不全都有误，可用之来补充校订。因此，戴震在对古籍进行训诂、校勘等实际工作中，经常指明宋版书的一些错误而"不可从"，如他在乾隆二十五年（1760）为正式校订《水经注》而做准备所作的《手校水经注批语》中，就指出过宋本有脱误而不可以盲从："东原云：《水经》本作'又东北过屯留县东，又东北过潞县北'，上'壶关'下《注》云：'县在屯留东，不得先壶关而后屯留也。'若删去'屯留'则《注》无着矣，宋本脱误，不可从。"②再如戴震在早年校勘《大戴礼记》时，共搜集到五种版本（宋本一，元、明本四），他将宋版书作为最重要的底本，但知道"宋本亦有讹失"，故而戴震"合五本参互校正"③，即他将元、明时期的四个版本作为重要补充来互相校对《大戴礼记》。

（三）集众本择善而从的方法

戴震在训释、校勘古文献时，尽可能地搜集同一古文献的多种版本，从中选择一至二个善本作为最主要的参考底本，然后进行相互比对研究，此即"集众本择善而从"的方法。例如，戴震在疏证、校勘《方言》时，多以宋代曹毅之本和明代《永乐大典》本为依据而从之，原因在于曹毅之本是明正德四年影印的一个宋钞本，近于古本、善本，《永乐大典》则是明代官修的类书，根据宋代国子监本、蜀本、闽本、赣本而来，其资料基本源自古本、善本。但戴震并不仅仅以曹毅之本和《永乐大典》本为依据，而是比对《十三经注疏》《说文》《集韵》《广雅》《经典释文》《玉篇》等群籍中所引用的《方言》来相互校正。例如，《方言疏证》卷十中的"晞、晒，干物也。扬、楚通语也"条，戴震对之作案语曰："《广

---

① 杨应芹,诸伟奇.戴震全书:第7册[M].合肥:黄山书社,2010:189.

② 杨应芹,诸伟奇.戴震全书:第6册[M].合肥:黄山书社,2010:562.

③ 杨应芹,诸伟奇.戴震全书:第2册[M].合肥:黄山书社,2010:287.

雅》：'晞、暵、晒，曝也。'《玉篇》云：'晞，干物也。晒，暴干物也。暵，置风日中令干。'注内'费'，诸刻讹作'晒'，今从曹毅之本。'常'诸刻讹作'通'，又脱'耳'字，从《永乐大典》本。"①

（四）注重研究古籍的版式、行款以考订文献的方法

戴震在研究、整理古文献的过程中，能够通过研究不同时期古籍所具有的特定的版式、行款等特征，来进行对古文献的校勘、考订。如戴震在对唐朝《开成石经》进行系统校勘后所著的《石经补字正非》中，就在多处根据《开成石经》的版式、行款等特征而推断文字的衍脱讹误。具体如下：

在《开成石经补缺正非·春秋左氏》哀公七年"必弃疾于我"条目下，戴震注曰："少'弃'字，然按一行十字之数不少。"②这里，戴震通过版式字数的特征推断出石经不缺字。

在《开成石经补缺正非·公羊经传》之"隐公"下，戴震注曰："石经《公羊》最为残坏，此段碑缺补者少二十八字，岂补字时片石犹在，近始脱与？合断损纹颇似，非补者误也。今将碑为图，缺处以朱别出，其已补者以墨围示异。"③这里，戴震从版式、行款、字数来推定文字缺失二十八字。

在《唐石经葛本春秋左氏传校缪·文公二年传》之"谓其姊亲而先姑也"条目下，戴震注曰："石经脱'姑'字，'也'字，上下行空独大，刻时舛误，可□映日中，并非裱脱。"④这里，戴震从石经版本文字的行款特征，即上下行之间的距离"独大"，推测出石经脱了"姑""也"两个字。

如此例子不胜枚举，表明戴震研究古籍时确实明察秋毫、巨细毕究，能够充分运用丰富的文献版本学知识来整理古籍，这也是他能够在古文献整理与研究方面取得卓越成就的重要原因。

（五）通过辨明古籍版本的源流变迁来校勘古书的方法

戴震在1773年进入四库全书馆后，充分利用宫中藏有的大量珍本、善本、秘本校勘了许多古籍名著，而每校一书，必辨明古籍版本的源流变迁

---

① 杨应芹,诸伟奇.戴震全书:第3册[M].合肥:黄山书社,2010:159-160.
② 杨应芹,诸伟奇.戴震全书:第2册[M].合肥:黄山书社,2010:127.
③ 杨应芹,诸伟奇.戴震全书:第2册[M].合肥:黄山书社,2010:129.
④ 杨应芹,诸伟奇.戴震全书:第2册[M].合肥:黄山书社,2010:165.

情况，以力求探讨致误原因，改正错讹，使所校典籍成为善本、珍本。如戴震从《永乐大典》中辑出宋代张淳的《仪礼识误》后，以此《永乐大典》本为底本对之校勘，其前提工作之一是辨明张淳所引据的多种来源的古籍版本，即校书提要中所说："淳为之校定，因举所改字别为是书。其引据有周广顺三年及显德六年刊行之监本，有汴京之巾箱本，杭之细字本，严之重刊巾箱本，参以《释文》《疏》，核订异同，最为详核。"①

再如戴震在校勘《九章算术》时，辨析出了该书自北宋以来二三百年的流传变迁情况："北宋以来，其术罕传。自沈括《梦溪笔谈》以外，士大夫少留意者，书遂几于散佚。至南宋庆元中，鲍澣之始得其本于杨忠辅家，因传写以入秘阁，然流传不广。迨明又亡。故二三百年来，算数之家均未尝得睹其全。惟分载于《永乐大典》者，依类裒辑，尚九篇具在。"②

二、戴震在古籍版本学方面的实践成就

戴震在对古文献进行整理、研究时，由于训诂、校勘、辑佚等实际工作的需要，必然要展开对古代典籍版本源流、篇章目次、版式行款、文本文字等方面的研究，由此形成了戴震在古籍版本学方面的实践工作，这项工作主要有下列成就。

（一）考辨《诗经》不同版本的文字异同

戴震训释《诗经》而著成《毛诗补传》二十六卷、《毛郑诗考正》五卷、《杲溪诗经补注》二卷。在训释工作中，他备列古本、今本、俗本之文字异同，并详细列举众本所引古书之文，以相互参证、辨章析字、探求真义。如《毛郑诗考正》卷三中的《公刘》篇义条目下，戴震作案语时引用《国语》《史记》所录祭公谋父谏穆王曰："昔我先王"，戴震对此作注道："俗本《国语》脱去'王'字，宋本及《史记》并有"③。又如《杲溪诗经补注》卷二中的"何彼襛矣？唐棣之华"句下，戴震在列举毛《传》、郑《笺》之说后，作按语曰："俗本'襛'旁作禾者，转写之讹。《石经》及《释文》《注疏》本皆未误。《说文·衣部》'襛'字下引此

①杨应芹,诸伟奇.戴震全书:第6册[M].合肥:黄山书社,2010:614.

②杨应芹,诸伟奇.戴震全书:第6册[M].合肥:黄山书社,2010:629-630.

③杨应芹,诸伟奇.戴震全书:第1册[M].合肥:黄山书社,2010:649.

诗。"①可见，戴震能充分运用古籍版本学的丰富知识来考订不同版本的文字异同，取正去非，推重古本、善本而驳正劣本、俗本。

戴震训释《诗经》的精深之处在于能够利用娴熟的古籍版本学知识而广列众家善本所引经典之文以考辨一字，如《毛郑诗考正·维天之命》中的"假以溢我"句下，引毛《传》："假，嘉。溢，慎。"郑《笺》："溢，盈溢之言也。以嘉美之道饶衍与我。"戴震作按语注曰："《说文》'諴'字下云：'嘉，善也。诗曰："諴以谧我。"'《毛诗》以'嘉'释'假'，正合'諴'字之义。《春秋传》引《诗》作'何以恤我'，转写讹失耳。《尔雅·释诂》云：'毖、神、溢，慎也。'又云：'忥、谧、溢、蛰、慎、貊、谧、颠、颐、密、宁，静也。'《毛诗》以'慎'释'溢'，义本《尔雅》。而'溢''慎''谧'，《尔雅》又皆为'静'。盖'静''慎'意得交通，未有心气不静而可谓之慎者，未有能慎而浮妄之动不除、不貊然宁静者。《说文》：'谧，无声也。'《史记》：'惟刑之静哉'，徐广曰：'今文云"惟刑之谧哉"。'《索隐》曰：'恤、谧声近。'又《庄子》书'以言其老洫也'，陆德明云：'本亦作"溢"，同音"逸"。'然则'谧'之为'溢'为'恤'，亦声音字形转写讹失。古经难治，类若是矣。《书》之'谧刑'谓慎刑，伏生今文《尚书》足据。此诗承上'文王之德之纯'而言。嘉以慎我，我其取之，思取法文王嘉美之纯德，以敬慎也。"②此处，戴震将"溢"训释为"谧、慎"，乃"静"之义。可见戴震为了考辨"溢"这一个字，先后详细地罗列了毛《传》、郑《笺》、《说文解字》、《春秋传》、《尔雅·释诂》、《史记》、《史记》徐广注、《史记索隐》、《庄子》、《经典释文》、今文《尚书》中所引的古书之文，从这些经典善本与旧注中深挖所释字"溢"的涵义及其内在关系，从而广征博引善本中的证据精深地训释了"溢"的深刻字义。

（二）辨析《尚书》版本源流及其异同

《尚书》是我国上古历史文献的汇编。秦代焚书使原有的《尚书》抄本几乎全部被焚毁。汉朝征书后，由秦博士伏生口授、用汉代通行文字隶书写的《尚书》，共二十八篇，人们称之为今文《尚书》。西汉时期，鲁恭王在拆除孔子故宅一段墙壁时，发现了另一部《尚书》，是用先秦六国时

① 杨应芹,诸伟奇.戴震全书:第2册[M].合肥:黄山书社,2010:41.

② 杨应芹,诸伟奇.戴震全书:第1册[M].合肥:黄山书社,2010:655-656.

第三章 戴震在古文献学上的成就

的字体书写的，人们称之为古文《尚书》。古文《尚书》经过孔子后人孔安国的整理，篇目比今文《尚书》多十六篇。然而，在西晋永嘉年间的战乱中，今、古文《尚书》全都散失了。东晋初年，豫章内史梅赜给朝廷献上了一部《尚书》。这部《尚书》共有五十八篇，包括今文《尚书》三十三篇、古文《尚书》二十五篇。现今流传两千多年的《尚书》，全都是根据梅赜所献的这个本子编修的。

而戴震的《尚书义考》，在阐明《尚书》今、古文的传授存佚、篇章分合及各类旧注的去取原则、转录格式的基础上，辨清了《尚书》版本源流及其异同。

首先，戴震在《尚书义考·义例》中辨析出《尚书》今、古文版本之异，此即他所说："今文《尚书》汉时博士所习，以隶传写，故称'今文'……今惟据二十八篇为本。汉时所传之古文《尚书》，许慎《说文解字序》论六体书，一曰古文，孔子壁中书也，盖如商周彝鼎之文，故称古文……古文藏于秘府，故又称中古文。"①

其次，戴震又说："今文、古文传本各异，其东晋孔《传》未出以前，所引《尚书》皆古本也。今于案语内论其异同得失，而经文之下则云某当从古本作某。概称古本，以明不必存今、古文之见。"②戴震在此将今文本《尚书》和真古文本《尚书》都称古本，以"不必存今、古文之见"。同时，戴震区别出伪《尚书》版本："至孔安国《传》，虽晋人伪托，大抵多袭用古注，其与贾、马、郑、王同者，无庸重见，惟删其异者，次古注之后，或亦古注所有，特不可考耳。不称'孔氏安国曰'，惟称'孔《传》曰'，以别真伪。"③可见，戴震以"孔《传》曰"标明其系伪《尚书》版本。

再者，戴震按照《尚书》古本、孔《传》本、宋本和注疏本的先后历史顺序来确定所选取的《尚书》版本文字："今文、古文传本各异，其东晋孔《传》未出以前，所引《尚书》皆古本也……概称古本，以明不必存今、古文之见……至孔安国《传》，虽晋人伪托，大抵多袭用古注，其与贾、马、郑、王同者，无庸重见，惟删其异者，次古注之后，或亦古注

---

① 杨应芹,诸伟奇.戴震全书:第1册[M].合肥:黄山书社,2010:7-8.

② 杨应芹,诸伟奇.戴震全书:第1册[M].合肥:黄山书社,2010:10.

③ 杨应芹,诸伟奇.戴震全书:第1册[M].合肥:黄山书社,2010:12.

所有……书内所引多与今注疏本异者，系从宋本校正。"①这种校读古书按其先后版本为序的原则，其好处正如梁启超所说："选择证据，以古为尚。以汉唐证据难宋明，不以宋明证据难汉唐；据汉魏可以难唐，据汉可以难魏晋，据先秦西汉可以难东汉。以经证经，可以难一切传记。"②

(三)广集众本对校礼学、算学古书

校勘古书时宜多方搜集异本而参互校对、综合判断才能存正去误，由此所校之书应尽可能是最古版本，对校之书也尽可能是善本书，否则以残本、俗本、劣本、误本、别本等为参照标准，要存正去误但往往事与愿违，所以校书者要区别版本差异，利用不同版本来对校某一古籍。

十三经中的"三礼"，通常指《周礼》《仪礼》《礼记》，有时加上《大戴礼记》而合称"四礼"。礼学之书由于明代以来的传本讹脱严重，几乎不能诵读，故而校勘礼学之书的难度较大。戴震为攻克这一难题，尽力多方搜集礼学书的不同版本，最后成功校勘了《礼记》《仪礼》《大戴礼记》而使它们成为可读之书。

乾隆三十一年（1766）戴震进京时，在苏州从其朋友朱文游（朱奂）处借得所藏的《礼记注疏》，此书是惠栋依据吴泰来家所藏宋刊本校出，故为善本，共七十卷，与《新唐书·艺文志》《宋史·艺文志》中所著录的情况相符合。除此之外的其他流传本都是六十三卷本。戴震将此七十卷本，与流传本的六十三卷本相互比勘对校，其字句不同处，六十三卷本脱去连行无考处，都一一完善。后来，程晋芳、姚鼐、段玉裁都各誊抄了一部。

戴震在1773年进入四库全书馆后，从《永乐大典》中辑出张淳的《仪礼识误》、李如圭的《仪礼集识》《仪礼释宫》，以此《永乐大典》本为底本并参考唐代贾公彦的《仪礼注疏》本（毛晋的汲古阁注疏本）、《唐石经》本、陆德明的《经典释文》以及惠栋、沈大成二家所校宋本而对校《仪礼》，终使《仪礼》成完帙。

在四库全书馆，戴震从《永乐大典》中又辑得《大戴礼记》散篇十六篇，以此《永乐大典》本作为底本，与搜集到的五种版本（宋本一，元、明本四）和古籍中摘引《大戴礼记》的文字参互考核对校，并附案语于下

① 杨应芹,诸伟奇.戴震全书:第1册[M].合肥:黄山书社,2010:10-12.
② 梁启超.清代学术概论[M].上海:上海古籍出版社出版,1998:47.

方，从而最后校定了《大戴礼记》。《大戴礼记》校定本很快被武英殿刊刻以及被《四库全书》收录，此最后校定本，即武英殿官刻本，是集戴震数十年心血而成的。

选定古算书的版本，是进行考校与补辑"算经十书"的前提。戴震在四库全书馆，从《永乐大典》中辑出《周髀算经》《九章算术》《孙子算经》《五曹算经》《夏侯阳算经》《五经算术》《海岛算经》等七部古算书，又从朝廷采进之书中选出《张丘建算经》《辑古算经》《数术记遗》三部古算书的版本，然后以《永乐大典》本作为底本，比照毛晋汲古阁本、明万历年间胡震亨刻本、诸多宋版残本并参考各种旧注而相互考订、补葺成完全之书，并著《九章算术订讹补图》《五经算术考证》等，最终使"算经十书"成为完帙、善本。

## （四）考辨版式、行款以校补《水经注》《仪礼注疏》等古籍

《水经注》自北魏成书以来，在长期的流传中，抄本、刻本众多，而不同的时期，其版本具有不同的体例、形式及行款特征。戴震在校勘《水经注》时，参考了许多版本，对每一版本的体例、形式及行款特征等详加考辨，以指明错乱，利于校勘。如戴震在乾隆三十年（1765）所整理的《水经》一卷（又名《水经校稿》或《水经考次》）中的"河水一"条目下，作注曰："旧本有二，一本每页二十二行，一本二十四行，每行皆二十字，《注》低一格则十九字。此系二十二行者，前后倒误一页。"①这里，戴震指明了有二种版式（二十二行本、二十四行本）的旧本，而所云二十二行版式的本子与他本不同，并且前后倒误一页，因此参考二十二行版式本子的人，要注意版式、行款特征，不能与其他版式的本子相混淆。

戴震在四库全书馆时，以《永乐大典》本之《仪礼识误》《仪礼集识》《仪礼释宫》为底本，考辨汲古阁注疏本、《唐石经》本、闽版等本子的版式、行款特征，指明后世劣本经注混杂之处，进而细加整理，校补《仪礼注疏》之脱误讹舛使之成完帙，现仅存有其校勘记三则，其文曰："《士昏礼》'期初昏'节《注》：'寝，婿之室也。'陆德明《释文》摘'婿之'二字，于下云'悉计反，从士，从胥，俗作婿，女之夫'，共十五字，《注疏》本引《释文》于各节下，而此条乃误入《记》后。又大书杂

---

①杨应芹,诸伟奇.戴震全书:第4册[M].合肥:黄山书社,2010:493.

入郑《注》'用昕使者，用昏婿也'之下，云'婿，悉计反'至'女之夫'，凡十四字，下又接以郑《注》'腜，善也'云云。'视诸衿鞶'下有'姆辞''婿授绥'之辞，云：'婿授绥，姆辞曰：未教，不足与为礼也'，凡十四字，汲古阁注疏本脱。有一专刻正文闽版有之，其本每纸二十行，行二十字，颇旧，中缝下有'上册'及'下册'二字。"①

（五）择善本校勘、疏证《方言》

《方言》是西汉扬雄所著，自汉末至魏晋盛行，诸家广泛征引，但它在长期流传中，断烂讹脱，几乎不可读，且文字古奥，训义深隐，很难读懂；至宋、元、明时期则征引渐少，研究者亦寥寥无几，故校勘、疏证《方言》以使其重新焕发光彩于世十分必要。然而《方言》传本特别少，宋代只有蜀大字本及李孟传根据蜀大字本而刊刻的版本；明代有正德本、尚古斋本等，但刻工粗糙，这种情形正如戴震在《方言疏证序》中所说："宋、元以来，六书故训不讲，故鲜能知其精核。加以讹舛相承，几不可通。"②有鉴于此，戴震从明代《永乐大典》中辑佚出《方言》的旧本，并广泛搜集群籍中引用的《方言》正文及注文，交互参订，又逐条为之疏通证明，前后历时二十多年，最终成《方言疏证》之完帙、善本。

戴震在四库全书馆疏证、校勘《方言》时，多选择宋代曹毅之本和明代《永乐大典》本为依据而从之，原因在于曹毅之本是明代影印的宋刊本，接近于古本、善本，《永乐大典》则是明代官修的类书，根据宋代国子监本、蜀本、闽本、赣本而来，其资料基本源自古本、善本。因此，戴震在疏证、校勘时，多依据这两个善本而改正《方言》俗本中的诸多错误，再征引其他典籍中的相关文句与旧注，搜考异文，以旁通互证。例如，《方言疏证》卷二中的"娃、嫷、窕、艳，美也"条目下，戴震作案语注曰："诸刻脱'秦有'二字，《永乐大典》本、曹毅之本俱不脱。陆机《拟古诗》'秦娥《张女弹》'，李善注云：'应场《神女赋》曰：夏姬曾不足以供妾御，况秦娥与吴娃。《方言》曰：秦俗，美貌谓之娥。'又《别赋》《吴趋行》及《古诗十九首》李善注并引《方言》：'秦晋之间，美貌谓之娥。'"③对此问题，戴震在早年就曾探究过，他在所著的《屈原赋

129

①杨应芹，诸伟奇.戴震全书：第6册[M].合肥：黄山书社，2010：462-463.

②杨应芹，诸伟奇.戴震全书：第3册[M].合肥：黄山书社，2010：6.

③杨应芹，诸伟奇.戴震全书：第3册[M].合肥：黄山书社，2010：27-28.

注》卷四中的"妒娃冶之芬芳兮"条目下,作注曰:"《方言》:娃,美也。吴、楚、衡、淮之间曰娃。秦、晋之间曰娥。故吴有馆娃之宫,秦有漆娥之台。"①进一步,他在关于《屈原赋》各篇字词的音义、异文而著的《音义》中的"娃,乌佳切"条目下,注曰:"秦有,《方言》俗本脱此二字,宋本有之,见钱遵王《读书敏求记》。"②由上例可知,《方言》俗本缺"秦有"两个字,而宋本、《永乐大典》本、曹毅之本均有此二字,戴震疏证、校勘时,服从善本而从之,批判俗本而拒之,再征引古诗文及后人注文中与此相关的材料,以提供更有力的证据来进一步论证,足见戴之《方言疏证》,有本有据,足以采信。

### (六)剔俗本之误而撰《屈原赋注》

俗本通常指流行于民间的通俗版本,它们大多数出自书商之手,出于营利目的,往往粗制滥造,疏于校对,讹误多多。通俗本《屈原赋》(即《楚辞》)版本多种多样,讹误甚多,并且不同版本的文句卷篇往往不同。为了改正这些错误,戴震对《屈原赋》随文而注,撰成《屈原赋注》。

古籍每多翻刻一次,就会多一次出错的可能,《屈原赋》自战国流传至清代,翻刻次数不计其数,错讹之处可想而知。戴震撰《屈原赋注》,就是要剔除俗本之种种谬误,以还屈子书之本来面目,如在《屈原赋注卷十·音义上》中的"灵修,灵,善也。修即'好修'之修"条目下,戴震作注曰:"故也,俗本无'也'字,非。两'也'字承上重顿以起下,读者误截此已上为一段,下加'曰黄昏以为期兮,羌中道而改路'凡十三字。王逸本及《文选》所无。《九章·抽思》篇云'昔君与我成言兮,曰黄昏以为期。羌中道而回畔兮,反既有此他志',掇彼文入此,错紊不成辞。"③在此处,戴震指出了通俗本在文法句例方面的错讹,古本如王逸本和《文选》本却没有错讹文句,这是因为通俗本不注重版本对校,故而"错紊不成辞"。

再如,"也""兮""些"等语助词,用于句末吟诵押韵,是不可缺少的,也是《楚辞》的语言优雅之处,但通俗本常常随意删除、省略,从而大大扭曲了《屈原赋》的原有语义、语气等。对此,戴震在撰《屈原赋

---

① 杨应芹,诸伟奇.戴震全书:第3册[M].合肥:黄山书社,2010:677.

② 杨应芹,诸伟奇.戴震全书:第3册[M].合肥:黄山书社,2010:794.

③ 杨应芹,诸伟奇.戴震全书:第3册[M].合肥:黄山书社,2010:720.

注》时列出了许多处，仅在《屈原赋注卷十·音义上》的《离骚》篇中就指出了六处俗本无"也"字："度也，俗本无'也'字"；"故也，俗本无'也'字"；"时也，俗本无'也'字"；"熊，古音他计切，俗本无'也'字"；"艾，古音刈，俗本无'也'字"；"害，古音胡例切，俗本无'也'字"。①

由上可知，戴震在撰《屈原赋注》时，广揽古本旧注，力剔俗本讹误，由此，其所校订、注解的《楚辞》，与通俗本《楚辞》有很大的不同，成为后人研读《楚辞》不可缺少的经典注本之一。

(七)论《孟子》的版本流传

戴震在乾隆壬辰年（1772）正月所写的《孟子赵注跋》中，详细地论述了《孟子》的版本由宋代至清代的流传演变情况，他说道："吾友朱君文游出所藏校本二示余。一有'虞山毛扆手校'印记，称引小宋本、元本、抄本，又有宋本又或称廖氏本，而逐卷之末，多记从吴文定抄本一校。何屺瞻云：'毛斧季从真定梁氏借得宋椠本影钞。'今未见其影钞者。而此本《尽心下》惟《梓匠轮舆章》有章指，余并阙。一为何仲子手校之本，末记云：'文注用盱郡重刊廖氏善本校。'而《尽心上·有事君人者》一章，《孔子登东山》以下三章，《尽心下·吾今而后知》以下七章，并阙章指。二校本各有详略，得以互订。外有章丘李氏所藏北宋蜀大字章句本，毛斧季影钞者，并得赵岐《孟子篇序》。于是台卿之学残失之余，合之复完，亦一大快也。"②东汉赵岐所著的《孟子章指》刻本很多，朱文游所藏的二本都是由宋本翻刻而来，然而各有详略、缺失。再用李氏所藏的宋蜀大字本补充校对，使台卿之学所残失部分被补上，终成完善卷帙。可见，戴震从《孟子》赵注的版本著录和钤印题识等方面考辨了其宋、元、明、清诸本的源流演变，比较异同后，择善而从，使古书之残失者"合之复完"。

① 杨应芹,诸伟奇.戴震全书:第3册[M].合肥:黄山书社,2010:718、720、724、724、737、737.

② 杨应芹,诸伟奇.戴震全书:第6册[M].合肥:黄山书社,2010:384-385.

# 第四章 戴震在地方文献方面的成就

## 第一节 戴震的方志学成就

方志就是记述地方情况的史志。地方，即地域；志，就是"记述、记载"的意思。方志就是按一定体例全面记载某一时期某一地域的自然、社会、政治、经济、文化等方面情况的书籍文献。方志有全国性的总志和地方性的州、郡、府、县志两类。总志如《山海经》《大清一统志》。以省为单位的方志称"通志"，如《山西通志》。元以后著名的乡镇、寺观、山川也多有志，如《南浔志》《灵隐寺志》。方志分门别类，取材宏富，是研究历史及历史地理的重要资料。方志记述的对象是"一地自然与社会"；时间范围是"历史和现状"；性质是"资料性著述"。一个地方、地区的记载包括三个方面的内容：自然地理、人文地理、经济地理（经济地理属于人文地理，但亦可单列）。一部完善和成功的地方志应是一个地区的综合性资料书，它要求对该地区的全部已有事业、客观条件、社会状况等作如实记载。简而言之，地方志书者，地方之全史也。它虽有史学之性质，但不是国史、正史，也不属史学范畴，但要比史更全面、更系统；由于它记载面十分广博，故推而论之，地方志书有百科全书的性质，亦可称地方的百科全书。

戴震作为清代考据学大师，在地方志的编修及方志学理论方面，均有所建树，从而为我国的方志文献学做出了重要贡献。

### 一、戴震在地方志撰修实践方面的成就

戴震曾多年亲身主持或参与修纂地方志的实践活动。

乾隆二十二年（1757），时年三十五岁的戴震撰写成《金山志》一小

册。《金山志》系盐运使卢雅雨嘱托戴震渡江所作。戴震曾摘取一节，对段玉裁说："余山上偶见奇景，修此一段。"①

乾隆三十三年（1768），四十六岁的戴震应直隶总督方恪敏的聘请，到保定纂修《直隶河渠书》一百零二卷。直隶省河渠纵横交错，支流繁多。在《直隶河渠书》中，戴震按"地望、地脉"将经水、支水依次排列先后顺序，清晰严密。除个别水系仅有纲领条目不详细外，其余皆加以详细地考证、核实。凡是涉及《尚书·禹贡》《周礼·职方》《春秋》经、传中的各处地名，包括班固的《汉书·地理志》、郦道元的《水经注》，以及历代史事、百家著述、清朝典故，全部能够一一辨明是非，还其原本。可惜，这部志书未能完成，原因在于，方恪敏不幸病逝，继任者大学士杨廷璋不能礼敬戴震，戴震便请辞后前往都城，故而此书当时也未能付刻。此未竟之书稿，抄成二部，一部分收藏在曲阜孔继涵家，一部分收藏在直隶总督周元理家。后嘉庆十四年（1809），周元理甥婿的儿子王履泰将戴震的书稿窃为己有并删削大半，搞得面目全非，又增添乾隆三十四年（1769）以后之史事，改书名为《畿辅安澜志》，献给朝廷，嘉庆皇帝称之为"此有用之书也"②，命武英殿刊刻出书，并赏赐王履泰同知的官缺，发永定河试用。梁启超对此叹曰，此书"被驵侩冒窃涂改，深可痛惜"③。当戴震嗣子戴中孚得知后，遂至曲阜孔继涵家取回另一部分原稿，意欲辩正但因无人愿意上报朝廷，便请段玉裁校订刊刻之，而段玉裁慨叹道："我力能校，而不能刊也。"④该书稿今天已经亡佚。段玉裁在《戴东原先生年谱》中评论此书稿曰："皆考之古而无不贯通，核之近今而无不确实。"⑤段玉裁在撰成《戴东原先生年谱》之后，曾另撰《赵戴直隶河渠书辩》一文（载《经韵楼集》卷七），在文中段玉裁考订出，方恪敏修此书，先聘赵东潜（赵一清），后聘戴震，故该书原系地理学家赵东潜（赵一清）所草创，名为《直隶河渠水利书》一百三十二卷，而戴震为之删改修定，名为《直隶河渠书》一百零二卷。梁启超认为此言"持论最

第四章　戴震在地方文献方面的成就

---

① 杨应芹,诸伟奇.戴震全书:第7册[M].合肥:黄山书社,2010:149.

② 杨应芹,诸伟奇.戴震全书:第7册[M].合肥:黄山书社,2010:158.

③ 杨应芹,诸伟奇.戴震全书:第7册[M].合肥:黄山书社,2010:706.

④ 杨应芹,诸伟奇.戴震全书:第7册[M].合肥:黄山书社,2010:159.

⑤ 杨应芹,诸伟奇.戴震全书:第7册[M].合肥:黄山书社,2010:159.

允"①。

乾隆三十四年（1769），戴震在主讲山西寿阳书院时，应汾州知府孙和相之聘请，参与修成《汾州府志》三十四卷。段玉裁在《戴东原先生年谱》乾隆三十四年（1769）条下曰："已而汾州太守孙君和相聘修府志，是年成《汾州府志》三十四卷。"②后世据此记载均视《汾州府志》为戴震所撰修。事实上，《汾州府志》乃集多人之力而成，汾州知府孙和相主修，戴震参与编纂，而非戴震一人之功。此情况，当时的曹学闵在其所撰的《新修汾州府志序》中说得很清楚："今太守诸城孙公以山左名宿来莅吾郡，政通人和，百废俱举，暇日审阅前志，惜其久而未修，爰集绅士，咨访旧闻，酌定体例，复延休宁戴孝廉东原考证古今，笔削成书。公于听政之余，仍亲加润色，阅一年而告成。"③

那么，戴震在《汾州府志》的修纂中究竟做了哪些具体工作呢？当时的山西冀宁道徐浩在其所撰的《汾州府志序》中曰："更聘戴东原先生襄其事。东原名士也，博览群书，考订精核，寰海文人皆知之。相与丹黄甲乙。首沿革，终艺文，为例三十，为卷三十又四，使阅者双眸炯炯，如白圭振鹭焉……"④由此可知，戴震协助孙和相确定了全书的体例与篇目；制定了该书的条例即乾隆《汾州府志例言》；考订了汾州府及其属县的地理沿革；审定了人物传的收录原则及编次；笔削并纂定全书等。今《戴震全书》（第六册）收录的《东原文集》卷十二所载《于清端传》《张义士传》和《王廉士传》等三篇人物传标题下，均注有"汾州志"三字，可知《汾州府志》中此三传亦出自戴震手笔。

《汾州府志》详审核博，远胜古人，是清代著名志书之一，集中反映了戴震的方志思想和他在地理、历史各方面的精深造诣。段玉裁对《汾州府志》评价曰："其书之详核，自古地志所未有"⑤，并曾节抄《汾州府志》的例言、图表、沿革、星野、疆域、山川、古迹，"将付诸梓，以为修志楷式"⑥。曹学闵更力赞《汾州府志》道："体大思精，文约义赡，追

①杨应芹,诸伟奇.戴震全书:第7册[M].合肥:黄山书社,2010:707.
②杨应芹,诸伟奇.戴震全书:第7册[M].合肥:黄山书社,2010:160.
③杨应芹,诸伟奇.戴震全书:第7册[M].合肥:黄山书社,2010:318.
④杨应芹,诸伟奇.戴震全书:第7册[M].合肥:黄山书社,2010:318.
⑤杨应芹,诸伟奇.戴震全书:第7册[M].合肥:黄山书社,2010:160.
⑥杨应芹,诸伟奇.戴震全书:第7册[M].合肥:黄山书社,2010:161.

常璩之详审，匹刘炳之该博。所称传世行远，而有益于史家者，其在斯乎！"①

乾隆三十四年（1769），戴震为寿阳县令龚导江所作的《记洞过水》增删修改，原稿五百一十二字，戴震增改后为八百二十字，而实际增删四百多字。同年，戴震曾代山西冀宁道徐浩作《应州续志序》。

乾隆三十五年（1770），龚导江修《寿阳志》，戴震为之点窜并为之审定目录，辨正了晋、隋、唐史中"寿""受"二字的讹乱。《寿阳志》手稿今藏于北京大学图书馆。此外，当年戴震还撰写有《汾州府志序》（代朱珪撰）、《宁乡县志序》（代朱懋炳撰）、《永宁州志序》（代王兴谷撰），并实际参加了难度较大的《宁乡县志》的编订，以及撰成议论方志并考汾州沿革之《与曹给事书》。

乾隆三十六年（1771），戴震应汾阳县令的邀请而纂修《汾阳县志》，段玉裁曾于其案上见到该书，戴震曾举一条相示于段玉裁，可惜此书今已亡佚。

戴震的修志成果，对我国地方史志文献的整理、保存有很大价值。洪榜在其所著的《戴先生行状》中，对戴震的修志活动评价道："先生屡应志局之聘，文书图册，杂错纠纷于前。"②这是对戴震修纂地方志实践活动的极中肯的评价。

## 二、戴震的方志学理论

戴震修志，不仅硕果累累，而且在多年的方志修纂实践活动中，逐渐形成了自己的方志学理论，并以之来指导自己的修志实践。

### (一)重视地方沿革的考证

重视地方沿革的考证（亦称地理学派）是戴震的方志理论的核心，也是他对方志学最重要的贡献。戴震特别强调，古今沿革是修志的首要内容，修志者应该悉心研究地理沿革。戴震曾多次阐述过这一点，他在《汾州府志例言》中说："志之首，沿革也……而沿革不明，不可以道古，作志者或先及之，非其次矣。"③在《汾阳县志例言》中，他说："沿革不

① 杨应芹,诸伟奇.戴震全书:第7册[M].合肥:黄山书社,2010:318.

② 杨应芹,诸伟奇.戴震全书:第7册[M].合肥:黄山书社,2010:10.

③ 杨应芹,诸伟奇.戴震全书:第6册[M].合肥:黄山书社,2010:577、578.

明，则志中述古，未有能免于谬悠者，故考沿革为撰志首事。"①在《应州续志序》中，戴震说："古今沿革，作志首以为重。"②在《寿阳县志序》中又说："披览图志，与读史相表里者也。而一州一县咸各有志，俾沿革山川见历代史者，于此可稽。"③在《答曹给事书》中，他又说："甚矣！沿革之不易言也。以近古而有法，如吉甫之作《图志》一条中，纷然不治者六焉。"④因此，戴震在修志的实践中，往往对一地的建置沿革作出详尽地考证，这也是戴震被后世视为地理学派的主要原因。

戴震"重沿革论"的形成，不是偶然的，而是有着诸多方面的原因。

1.客观原因

古文献中记述地理有许多错误，而很多方志修纂者对于地理沿革多因袭古文献而不加考证，这是精于舆地之学的戴震重视方志沿革的客观原因。

清代前期有许多考据学家精通地理。如经学家胡渭，尤精通于舆地之学，所撰《禹贡锥指》，搜采方志舆图，绘制地图四十七幅，阐释《尚书·禹贡》，将九州分域、山水脉络的沿革变化，详加说明，特别重视治水，是研究中国古代地理沿革的重要参考书。婺源人江永（江慎修），治经几十年，"精于《三礼》及步算、钟律、声韵、地名沿革，博综淹贯，岿然大师"⑤。戴震师从江永，独能得其全，所以戴震在地理学方面造诣很深。诚如段玉裁所说："国朝之言地理者，于古为盛，有顾景范、顾宁人、胡朏明、阎百诗、黄子鸿、赵东潜、钱晓征，而先生乃皆出乎其上。"⑥

戴震在参与纂修《汾州府志》而考证汾州境内的地理沿革中，发现《周礼·职方》《汉书·地理志》《水经注》《元和郡县图志》《读史方舆纪要》等地理名著当中，皆多有谬误之处，不禁感叹道："然地志至隋、唐，凿空傅合之说，又多于前人，稍失精核，不能无谬"；"盖以汉人言周、秦则多失，以后魏言汉、魏、晋则多失，以唐人言后魏、齐、周、隋

①杨应芹,诸伟奇.戴震全书:第6册[M].合肥:黄山书社,2010:582.
②杨应芹,诸伟奇.戴震全书:第6册[M].合肥:黄山书社,2010:331.
③杨应芹,诸伟奇.戴震全书:第6册[M].合肥:黄山书社,2010:502.
④杨应芹,诸伟奇.戴震全书:第6册[M].合肥:黄山书社,2010:327.
⑤杨应芹,诸伟奇.戴震全书:第7册[M].合肥:黄山书社,2010:9.
⑥杨应芹,诸伟奇.戴震全书:第7册[M].合肥:黄山书社,2010:178.

则多失，势使然也。魏收即后魏人，而《地形志》不能详魏之州郡兴废。其余史仅后一代作前代地志，疏漏讹舛实多。子长，良史也，而《史记》中往往涉传闻失实之语，谓介之推逃入绵山，显戾于《左氏春秋》"①；"《读史方舆纪要》只是大体好，细处未能尽善。"②这种古籍中谬误大量存在的客观情况，促使戴震提出修志者必须要重视地方沿革的考证。

2.主观原因

将考据学派的治学方法用于修志，是戴震重视方志沿革考证的主观原因。清初，统治者极力加强思想控制以巩固其统治地位，由此出现文字狱之风的兴盛，于是在学术界形成一股考据之风，即埋头于整理和考订古典文献，通过考核事实、归纳例证，提供可信之材料，以探讨古本古著中的微言大义，而不关心、牵涉现实中的政治问题。如阎若璩的《古文尚书疏证》、胡渭的《禹贡锥指》等，乃是这种考据方法的典范。至乾嘉之世，考据之风更甚，出现了著名的乾嘉学派。

乾嘉学派主要有吴派和皖派。吴派以惠栋为首，其治学方法"求其古"，即因循守旧、墨守成规；而以戴震为首的皖派，其治学方法"求其是"，即"实事求是，不主一家"③，也就是，戴震对古籍及其所记载的内容采取实事求是的客观态度，既充分看到古籍本身的许多优点，又注意到，由于后世社会进步，使得看问题更为客观、深刻，从而暴露出古籍本身或其所记载的内容在某些方面存在着这样那样的问题。以这种客观审慎的原则来考证文献，才能保证对古籍的正确认识，也才能够更好地整理、利用历史文献。因此，当戴震从事修纂地方志时就自然而然地会对古籍中所记载的地理沿革进行认真地、一丝不苟地考证了。

3.历史原因

戴震将方志视作舆地之书，这是其重沿革论的历史原因。我国方志学历史悠久，方志文献也是浩如烟海。最早的出现在周代，如《周礼·职方》《尚书·禹贡》；较早的是春秋战国时期的国别史，如鲁之《春秋》、晋之《乘》、楚之《梼杌》等等，乃是"邦国之志"或"四方之志"，这些实质上可当成早期方志。

① 杨应芹,诸伟奇.戴震全书:第6册[M].合肥:黄山书社,2010:324、328-329.

② 杨应芹,诸伟奇.戴震全书:第7册[M].合肥:黄山书社,2010:186.

③ 杨应芹,诸伟奇.戴震全书:第7册[M].合肥:黄山书社,2010:3.

西汉至两晋南北朝时期盛行的地记、地志，着重于记述地理，主要记载了疆域、山川、古迹、人物风土状况，而对政治、经济、军事则不予记述，已经明显具有方志的雏形。如晋代常璩所编纂的《华阳国志》，是我国的第一部地方通史，也是我国现存最早的一部比较完整的、具有很高史料价值的地方志。

地记与地志在隋唐时期趋向衰落，代之而兴起的是图经、图志，如李吉甫的《元和郡县图志》，在图经、图志中绘制地图，并有较详细的文字说明。到宋代，图经、图志极度兴盛，内容更加丰富，并统合古今，已与后世的地方志基本相同了。至元代，尽管元世祖至元二十三年（1286）开始创立一统志，即《大元一统志》，但图志依然大量存在，如《云南图志》《甘肃图志》《辽阳图志》等等。

我国方志事业在明代得到极大发展，在编纂《大明一统志》为国家级地志的同时，各个省级行政也编纂以"通志"为方志之专名的地志。且各级各类方志的内容更加丰富，其中地理沿革仍占据着相当重要的地位。

由于历史上方志内容曾长期以地理为主或偏重于地理，因此，学术界往往视方志为舆地之书，戴震也正是继承了这一传统看法，因此，他在亲自参与修纂方志时，自然而然地就注重辨明沿革、考证史实了。

4.现实原因

戴震修志重视沿革考证的现实原因是旨在克服前代方志在地理沿革方面出现的"袭俗陋，漫无辨别"①的现象。戴震曾指出前代方志中存在大量错误："余曩因诗古文词所涉，检寻郡邑志书，其于经史中地名、山川、故城、废县，以及境内之利病，往往遗而不载，或载之又漫无据证，志之失，大致尽然。"②而对这些错误，许多地方志的修纂者却多直接因袭古文献而不加考证，便产生"作志者袭俗陋，漫无辨别"③的现象。因此，戴震在现实的修志实践中，强调注重辨明沿革、考证史实，破除"袭俗陋"的弊端，以补方志之失。正如戴震在《汾州府志·例言》中所说："故沿革定而上考往古，乃始无惑。"④

①杨应芹,诸伟奇.戴震全书:第6册[M].合肥:黄山书社,2010:448.

②杨应芹,诸伟奇.戴震全书:第6册[M].合肥:黄山书社,2010:331.

③杨应芹,诸伟奇.戴震全书:第6册[M].合肥:黄山书社,2010:448.

④杨应芹,诸伟奇.戴震全书:第6册[M].合肥:黄山书社,2010:577.

因此，戴震撰修方志的首要思想与原则就是：注重古今沿革，但是不重视人文景观及文献征存；注重考古知今，同时"务求切于民用"①。这一修志主导思想与原则，与当时章学诚主张修志以征存文献为主、注重人文活动、讲求文语古雅等形成了侧重点各不相同的两种修志体例与风格，二人之间有过激烈的争论。相对而言，戴震的修志体例与风格比章学诚更进一步，更接近现代历史地理学注重科学、实用并服务于现实社会的要求。

(二)"以山川为主而求其郡县"

戴震继承了郑樵的"地理之家，在于封圻，而封圻之要，在于山川"②的观点，主张"以山川为主而求其郡县"③。段玉裁对此解释说："固将合天下之山为一山，合天下之川为一川。而自《尚书》《周官》《春秋》之地名，以及战国至今，历代史志中的建置沿革之纷错，无不依山川之左右曲折，安置妥帖，至赜而不乱。"④戴震的方法，是因川原之派别，知山势之逶迤；由山镇之阴阳，水行所经过，而知州郡之沿革变迁。也就是以水系辨山脉，以山川形势考察郡县建置和地理沿革，这是戴震编纂地方志实践经验的总结。

清初治地理学者，一般都以郡国为主而求其山川，故在方志中对山脉河流的叙述，纷陈杂列、不成整体，乃至错误百出。戴震在长期编纂方志及校订《水经注》的过程中，认为一地之山川河流是在天地间自然而然地形成的，而作志者往往散列，漫无叙次。为了克服这种错误，戴震创造性地提出了"以山川为主而求其郡县"的新见解，这种新见解体现在：戴震发现山势之适应与水流之原委有其内在的密切关系，"以水辨山之脉络，而汾之东西山为干为枝，为来为去，俾井然就序。水则以经水统其注入之枝水，因而遍及泽泊、堤堰、井泉，令众山如一山，群川如一川。府境虽广，山川虽繁，按文而稽，各归条贯"⑤。戴震在自刻本《水经注》序中又说："因川源派别，知山势之逶迤，高高下下，不失地防，取资信非一

① 杨应芹,诸伟奇.戴震全书:第6册[M].合肥:黄山书社,2010:578.

② 郑樵.通志略[M].上海:上海古籍出版社,1990:218.

③ 杨应芹,诸伟奇.戴震全书:第7册[M].合肥:黄山书社,2010:178.

④ 杨应芹,诸伟奇.戴震全书:第7册[M].合肥:黄山书社,2010:179.

⑤ 杨应芹,诸伟奇.戴震全书:第7册[M].合肥:黄山书社,2010:178-179.

端。"①所谓"地防",即地之脉理,水流皆自高处下流,顺其势导引,则有利于农田之水利。我国古代以农立国,农田水利事关国计民生,故而戴震在编修方志时,务求有用于民,对那种不顾山川形势及民间利病而启卷茫然的志书,十分贬斥之。

基于这些情况,戴震提出了"以山川为主而求其郡县"的地理沿革考证之新法,洪榜在《戴先生行状》中对此详细地阐释为"因川原之派别,知山势之逶迤。由山镇之阴阳,水行所迳过,知州郡之沿革迁徙。大凡水之上流,川出于两山之间,历千百年如其故道,至其委流,地平衍而土疏斥,不数岁辄迁徙不常,是以滹沱、桑乾、漳水之流为难考"②。由此,通过水流以辨山川之脉络、形势,进而考证郡县建置和地理沿革,实乃一有效的沿革考证办法。对此方法,段玉裁曾评价为超过他人之上的方法:"国朝(清朝)之言地理者,于古为盛,有顾景范(顾祖禹)、顾宁人(顾炎武)、胡朏明(胡渭)、阎百诗(阎若璩)、黄子鸿(黄仪)、赵东潜(赵一清)、钱晓征(钱大昕),而先生乃皆出乎其上。盖从来以郡国为主而求其山川,先生则以山川为主而求其郡县。"③这种以山川为主要参照物来考察郡县沿革的方法,有其科学性的一面,因为郡县更迭,历代频繁而无规律,有原为北方郡县后来侨设南方的,也有原为南方郡县后来侨设北方的;即使郡县只在一地沿革,也常常有更易、变化,但历代山川地理走向的变化并不会有太大的差异,以此相对不变的山川来统御、比照变动频繁的郡县,往往能够事半而功倍。

戴震曾打算运用此方法考证全国各地的疆域变迁沿革:打算撰《水地记》一书,作为《七经小记》之一,此书起始即论"中国山川,维首起于西,尾终于东。河水所出,其地曰昆仑之虚,其山曰紫山"④。可见戴震准确地把握住了中国大陆地形西高东低、山川走向由西向东这一总体特征。其后,该书记载从黄河河源昆仑山开始向四周扩展,先叙述由昆仑山发源的河流及与之相关的大山,再由黄河上游向下游延伸,叙述两岸的黄河支流、山的支脉,以主流统支流,以主山系支岭,间或有对前人错讹之

① 杨应芹,诸伟奇.戴震全书:第6册[M].合肥:黄山书社,2010:322.

② 杨应芹,诸伟奇.戴震全书:第7册[M].合肥:黄山书社,2010:10.

③ 杨应芹,诸伟奇.戴震全书:第7册[M].合肥:黄山书社,2010:178.

④ 杨应芹,诸伟奇.戴震全书:第4册[M].合肥:黄山书社,2010:423.

处的考辨与纠谬，泾渭分明，脉络清楚，有条不紊。戴震采用《水经注》的体例，认为"北方之水莫大于河，而河以北、河以南众川，因之得其叙矣。南方之水莫大于江，而江以北、江以南众川，因之得其叙矣"①。由此可见，《水地记》的规模宏大、内容繁富，可惜只存创例，未能完成全部书稿。仅由孔继涵将其自昆仑之虚至太行山部分刻成一卷，可惜该书及残稿今天均已亡佚，如果该书能按原设想完成，必将是对我国地理学研究的重大贡献，故而梁启超曾说："先生书之未成者，最可惜莫如此书。"②

(三)实事求是的修志原则

戴震还坚持实事求是的修志原则，主张史料要真实可靠，考辨要准确无误，抛弃牵强附会、凑合、攀附的陋习。戴震在修纂方志时，"文书图册，杂错纠纷于前。批图览册，有谬误即图上批示，令再图以进。户吏始不服，及亲履其地，果如先生言，无不惊叹以为神。其治事精敏类如此"③。

戴震实事求是的修志原则突出体现在，他强调绘制地图必须精准，即地图必须符合实际情况（实际的方位、距离、地形、角度、曲直等实地状况）。旧志对方志中之舆图的画法，多不甚讲究，而戴震却极为重视，对未经精确核实之地图，十分不满。戴震说："地图及沿革表，志中开卷第一事也。作图者少加意精核，检视其图，方向远迩茫然不辨，名为有图，不但如无图而已，且适以滋惑。"④戴震在编修《汾州府志》而绘制汾州府的地图时，采用了西晋地理学家裴秀的六体"分率（比例）、准望（方位）、道里（距离）、高下（地形）、方邪（角度）、迂直（曲直）"制图法："今列图十有二，而府境及八州县山川图，先布方格，然后按山脉之条贯，水流之委曲、距府州县治之方向里数，不使或爽。"⑤

除此之外，戴震在乾隆三十六年（1771）纂修《汾阳县志》时，同样强调了绘制精准地图的重要性及其方法："山川图为地志大节目。作图无法，则失其实，检图考地适足滋惑。今先布方格，然后按其山之方向远

① 杨应芹,诸伟奇.戴震全书:第6册[M].合肥:黄山书社,2010:322.
② 杨应芹,诸伟奇.戴震全书:第7册[M].合肥:黄山书社,2010:717.
③ 杨应芹,诸伟奇.戴震全书:第7册[M].合肥:黄山书社,2010:10.
④ 杨应芹,诸伟奇.戴震全书:第6册[M].合肥:黄山书社,2010:580.
⑤ 杨应芹,诸伟奇.戴震全书:第6册[M].合肥:黄山书社,2010:580.

迤、水之委曲流注，不使图与形势或爽。因附县治、学官二图，次之以沿革表，作表断自秦以下，郡县之始也。"①

乾隆三十一年（1766），段玉裁曾于戴震家中亲眼所见其所绘的精准地图："地图，先生之所制也。丙戌，见先生自画地图，白纸红格，每格方减寸许，画方计里，用晋裴秀法，而里数之远近，即可计北极之高下。凡直省、府、厅、州、县、方乡，四至八到，无少差误。"②

### （四）否定"星野"说

星野（又称星象），是我国古代星卜术的概念之一，最早的记载见于《周礼·春官·保章氏》："以星土辨九州土地以封，封域皆有分星，以观妖祥。"③意思是说：王者所封的国，都是与天上一定区域相对应的，因此该区域所发生的天象即可预兆各对应封国的吉凶福祸。到了春秋战国时期，各国的分星更为详细，大致是以十二次为准，但以后历代分法均不同，甚为混乱，这是天人感应的一种迷信说法。与星野紧密相联系的是步天歌，步天歌是唐朝人王希明所著，将星空分为紫微、太微、天市三垣和二十八宿，编为七字一句的歌词，介绍各个星官，供仰观天象之用。

许多修志者往往信从"星野"说，在方志中大都绘制有本州郡的相应分星的星象图，采录步天歌。戴震对"星野"说则持否定态度，对星象、步天歌等这类记载，一概斥之为"固陋"，如他在乾隆《汾州府志·例言》中写道："星野次乎沿革。其说起于《周礼》九州之分星，至春秋时言列国分星尤详，《汉书》乃以郡县隶之，然于古州国往往龃龉不合……至若图绘星象，录《步天歌》，尤属固陋。"④再如戴震在《汾阳县志·例言》中又说："至星野之说，起于《周官·保章氏》。以星土辨九州之地，如《左氏春秋》《国语》所记列国分野甚详……其说志家图绘星象，录《步天歌》，尤属习仍之陋。"⑤

戴震对"星野"说持否定态度，是具有反封建迷信的进步意义的。然而，戴震对"星野"说的否定是不彻底的，仍主张将星象"存古说以见梗

①杨应芹,诸伟奇.戴震全书:第6册[M].合肥:黄山书社,2010:585.

②杨应芹,诸伟奇.戴震全书:第7册[M].合肥:黄山书社,2010:183.

③吕友仁,李正辉.周礼[M].郑州:中州古籍出版社,2010:238.

④杨应芹,诸伟奇.戴震全书:第6册[M].合肥:黄山书社,2010:577-578.

⑤杨应芹,诸伟奇.戴震全书:第6册[M].合肥:黄山书社,2010:582.

概"①;"于沿革后，附见梗概，正其附会之非者，俾归于是而已"②。这种将星象仍附录于方志之中的不彻底做法，是我们今天在纂修社会主义新方志时要反对的，也即今天我们必须要彻底摒弃"星野"说、反对封建迷信。

（五）反对修志中的陋习

戴震很重视山川的记载，认为方志中将山川记叙得客观详实、符合地脉，则有利于农政水利，进而事关国计民生："山川次乎疆域。其奠也本天地之自然，而形势在焉，风气系焉，农政水利兴焉。"③然而，旧志往往轻视山川，把山川仅仅当成是嬉游胜景的点缀："从来作志者仅点缀嬉游胜景，何小之乎！视山川也。"④针对这种情况，戴震指出，这是一种"陋习"，他说："至若方隅之观，各州县志多有所谓八景、十景，漫列卷端，最为鄙陋，悉汰之以还雅，志内亦不涉及，其题咏间取一二。"⑤

（六）其他

除上述之外，戴震在修志时，对于那些为国家、为当地做了好事、具有影响的人，都热情地为之立传作记，列入志书，体现了他为国为民而修方志的原则。在具体修志中，他更重视山川地理和农田水利这类问题，因为这些东西更切民用。他纂修《直隶河渠书》，实地考察了二十多条有关的水系，并广泛走访老农，与他们一起劳动，从而修成了此有用之书。戴震还主张"生不立传"；"志详善而略恶也"；"名宦必其德泽于民，操持可法。流寓非名贤不录"；"人物必大节卓然，义行必为善足风，或一事之有益于人亦附焉"；逸事异闻"涉鄙俚荒谬亦不录"；风俗物产"无取乎泛常琐滥，以为铺张，则为语不多"⑥。如此等等，都有利于志书质量的提高。

综上所述，戴震的方志思想虽然总的看来未能超越旧志的传统窠臼，但是他以其博大精深的地理学知识对地理沿革进行了大量的考证工作，对其他有关方志的理论问题也做了许多有益的探索，这些是值得我们今天加以充分肯定与学习的，因此，戴震在我国方志学史上理应占有一席重要

① 杨应芹,诸伟奇.戴震全书:第6册[M].合肥:黄山书社,2010:578.
② 杨应芹,诸伟奇.戴震全书:第6册[M].合肥:黄山书社,2010:582.
③ 杨应芹,诸伟奇.戴震全书:第6册[M].合肥:黄山书社,2010:578.
④ 杨应芹,诸伟奇.戴震全书:第6册[M].合肥:黄山书社,2010:578.
⑤ 杨应芹,诸伟奇.戴震全书:第6册[M].合肥:黄山书社,2010:580-581.
⑥ 杨应芹,诸伟奇.戴震全书:第6册[M].合肥:黄山书社,2010:579-580.

地位。

## 第二节　戴震在谱牒文献方面的成就

谱牒文献一般指反映家族谱系方面的书籍，其名称多达数十种，诸如家谱、宗谱、族谱、公房谱、合谱、房谱、支谱、通谱、统谱、坟谱、祠谱、家史、家志、家典、家乘、祭簿、家牒、宗簿、宗志、世家、世系、世录、世谱、行谱、世牒、谱图、人丁册、玉牒、帝系、祖谱、血脉谱、联宗谱、会谱、统宗谱、会通谱、总谱、源流、渊源录、先德传、清芬录等等，其中使用较多的是家谱、宗谱、族谱三种。家谱比较确切地定义是"记述血缘集团世系的载体"，梁启超曾说："方志，一方之史也；族谱家谱，一族一家之史也；年谱，一人之史也。"①与年谱相近的是事略行状、传记、墓志铭、碑传等等。

戴震治文献学的另一重要领域是谱牒之学。其具体成就表现在，一是遗留至今有大量的谱牒文献实体，二是戴震在谱牒学方面进行的一些理论阐述。

一、戴震在谱牒文献实体方面的成就

今本《戴震全书》（第1—7册，杨应芹、诸伟奇主编，黄山书社2010年版）中收录有族谱类文献如《族支谱序》，其他收录的有关谱牒文献主要有以下几种：

事略行状类文献有《江慎修先生事略状》《慧庵王公行略》《张公事略》等等；

人物传记类文献有《于清端传》《范忠贞传》《郑之文传》《万光禄传后序》《张义士传》《王廉士传》《养浩毛先生传》《戴节妇家传》《田呈瑞传》《刘而位传》《参政苍崖田公家传》《参政文胡田公家传》《记武举戴鸣鸾》等等；

人物的颂辞、祭文、寿序类文献有《某翁颂辞》《于公敏中颂》《祭裴太夫人文》《诰封孺人丁母易太夫人八十荣寿序》《江慎修先生七十寿序》

---

① 梁启超. 中国近三百年学术史[M]. 北京：东方出版社，2004：350.

等等；

墓志铭类文献有《光禄大夫工部尚书太子少傅裘文达公墓志铭》《四川布政使司布政使李公墓志铭》《例赠宣武大夫王公墓表》《辑五王先生墓志铭》《鹤岑胡公墓志铭》《昆山诸君墓志铭》《黄君武臣圹志铭》《戴童子圹铭》《查氏七烈女墓志铭》《皇清诰赠奉直大夫茶陵州知州梅圃戴君墓志铭》等等；

碑传序记类文献有《送右庶子毕君赴巩秦阶道序》《送巡抚毕公归西安序》《山阴义庄序》《代程虹宇为程氏祀议》《汪氏捐立学碑》《凤仪书院碑》《沂川王君祠碑》《宁乡县修城台楼堞记》《郑学斋记》《屏山石室记》《南溪县汉黄烈妇庙碑》《浔阳义庄志略序》《正汾州府名宦祠秩祀碑》《黄栌岭候馆辟路记》《山西武乡试录后序》等等。

二、戴震所撰谱牒类文献的特点

戴震所撰的这些谱牒文献，大多数可窥见其为民、重民、利民的修谱、治谱思想，从谱牒学角度去看，有以下一些特点。

（一）修谱为民的特点

戴震乐于为"名不见经传"的平民百姓著书立传，从而体现了修谱为民的特点。例一，《戴节妇家传》是为"穷巷里曲之妇人女子"[①]立传。例二，《戴童子圹铭》是为"十二龄而殇，可哀也"[②]的戴氏童子作墓志铭，然而戴氏童子"生平无可述，书其年月名字于圹，而加以铭，防陵谷之有变迁，义不取尔也"[③]。例三，《查氏七烈女墓志铭》则是戴震为普通的宛平查氏同葬的七烈女所作的墓志铭，如此等等，皆是戴震为"名不见经传"的平民百姓而著书立传。

（二）修谱重民、利民的特点

戴震十分善于运用朴实的语言对老百姓所喜闻乐见的历史人物进行评述，从而体现了修谱重民、利民的特点。例如，戴震在为《汾州府志》所撰写的《王廉士传》中，首先写道"王敏，汾阳县武生也。廉洁自持"，

145

第四章 戴震在地方文献方面的成就

---

① 杨应芹,诸伟奇.戴震全书:第6册[M].合肥:黄山书社,2010:438.
② 杨应芹,诸伟奇.戴震全书:第6册[M].合肥:黄山书社,2010:438.
③ 杨应芹,诸伟奇.戴震全书:第6册[M].合肥:黄山书社,2010:437.

进而指出，"然敏生平勇于为人，性憨直"①。"廉洁自持""性憨直"两个朴实无华的词语描述，直接点明了王敏的"廉""憨"这两种平民普遍具有的特色。在《王廉士传》末尾，戴震进一步对王敏评述道："敏狷洁多近义，是以人啧啧喜称道。"②"啧啧喜称道"一词，特别形象地描述出了王敏深受老百姓所喜爱、称赞的一面。

(三)注重对文献所载史事的考据、考证

戴震治谱牒之学时，特别注重文献所载史事的考据、考证。例如在其所撰的《族支谱序》中，戴震首先对史籍所载的史事进行了详细地考证，基于考证写出了戴氏氏族的谱系，指出戴之先祖为子姓，到了春秋时，宋国有戴、武、宣、穆、庄之族，据此进一步考证道："戴公之子武公，武公之子宣公，此世子嗣国为君者也。宋之有戴族，则戴公之群公子从宗而合族属焉。武族、宣族，则武公、宣公之群公子各从宗而合族属焉。庄、穆以下亦然。"③综合这些文献资料的考证，戴震明确地指出"戴氏之称，缘于戴族"④。

(四)注重史料的甄别

戴震修谱时，十分注重史料的甄别，以辨别真伪。在《族支谱序》中，戴震指出，唐代颜师古在注解西汉史游的《急就篇》时说："戴公生公子文，遂称戴氏。"⑤对颜师古的说法，戴震肯定之。但是，前代修谱之人，"而承武公、宣公下，及书传所有公卿名人，悉牵引联采"，且将武公注解为"官至司徒"，将宣公注解为"始以王父谥为姓"⑥。对这种注解，戴震指出了其错误之处："则不解宋以武公废司徒之语矣"；"则不解字族之辨，锡姓之义矣"；"盖谱牒所记，戴公以下，护公以上，不审信也。"⑦戴震还进一步指出，护公是唐天祐年间人，护公以下才有明确的戴氏谱系记载。据此，戴震得出结论道："公子文至护公，中间代系遥隔，

---

① 杨应芹,诸伟奇.戴震全书:第6册[M].合肥:黄山书社,2010:422.
② 杨应芹,诸伟奇.戴震全书:第6册[M].合肥:黄山书社,2010:423.
③ 杨应芹,诸伟奇.戴震全书:第6册[M].合肥:黄山书社,2010:395.
④ 杨应芹,诸伟奇.戴震全书:第6册[M].合肥:黄山书社,2010:395.
⑤ 杨应芹,诸伟奇.戴震全书:第6册[M].合肥:黄山书社,2010:395.
⑥ 杨应芹,诸伟奇.戴震全书:第6册[M].合肥:黄山书社,2010:395.
⑦ 杨应芹,诸伟奇.戴震全书:第6册[M].合肥:黄山书社,2010:395.

不从旧谱序列，不敢滥承也。"①戴震这种修谱不滥承史料而必求其是的客观态度与做法，得罪了掌握族权的人。年轻的戴震为了逃避迫害，不得不远走高飞，于乾隆十九年（1754）只身来到北京避祸。

（五）注重运用生动语言

戴震在尊重历史史实的基础上，充分运用生动的语言，把历史人物写得活灵活现。如乾隆三十四年（1769），戴震参修《汾州府志》时，为《汾州府志》撰写的《于清端传》就是如此，该传文中描写于清端（于成龙）清正廉洁的品性时，用了这些词语："成龙清严忠直，勤劳治事，官吏无不敬畏，归于廉慎。"②这些词语的描述，读后让人很容易感受到历史人物栩栩如生的形象，同时也使人看到作者卓越的文学才能。其他的人物传记，如《范忠贞传》《郑之文传》《张义士传》《王廉士传》《养浩毛先生传》《田呈瑞传》《刘而位传》等等，也都有这样一些特点。

（六）夹叙夹议

戴震注重在史实的叙述中，随时发表评论、议论，以表达自己的见解。例如，在《万光禄传后序》中，戴震在叙述了许多基本史实后，于结尾处及时发表议论曰："余读《忠节录》，载君在安化暨军中寄子书数通，言词朴质……盖卒之以身死国，非偶然也。屈于下位，未遂其能，岂不惜哉！又其言有足以警凡居官者，不徒于此见君之生平而已。恐就逸坠，是以为之删取而序之。"③

再如，在《养浩毛先生传》中，戴震一开头就发表一大段评论说："戴震曰：士之行，以孝友行，然为之论列生平，则又适完其庸德之行，言之固无甚奇特，于是往往罕见表著……士之行之可表著，安用舍是而好言奇特为哉！"④

从这些文字中，不难看出作者和史传对象之间存在着某种相得益彰的联系，史作打上了作者的人格烙印，作者也往往从那些可歌可泣的历史人物中汲取了丰富的人格滋养，显示出作为一代宗师的戴震，与其笔下记述的中华历史人物，同样有着铮铮硬骨的人格形象。

147

① 杨应芹,诸伟奇.戴震全书:第6册[M].合肥:黄山书社,2010:396.
② 杨应芹,诸伟奇.戴震全书:第6册[M].合肥:黄山书社,2010:415.
③ 杨应芹,诸伟奇.戴震全书:第6册[M].合肥:黄山书社,2010:419-420.
④ 杨应芹,诸伟奇.戴震全书:第6册[M].合肥:黄山书社,2010:423.

### 三、戴震的谱牒学理论

**（一）戴震主张修谱要"实事求是"**

家谱撰写的态度问题，是修谱的首要问题。修谱的态度无外乎分为两种：一种是以实事求是的态度，讲究本有其事，据实载录；另一种则是曲笔回护、牵强附会，或更有甚者是任意杜撰，以追求谱牒完备，中间不缺断，且代代载有名贤大宦，以此光耀门楣。而牵强附会、迷信联采是中国古代家谱的通病，正如胡适所说："中国的族谱有一个大毛病，就是源远流长的迷信。没有一个姓陈的不是胡公满之后，没有一个姓张的不是黄帝第五子之后，没有一个姓李的不是伯阳之后。家家都是古代帝王和古代名人之后，不知古代那些小百姓的后代都到哪里去了？"①

戴震修谱、治谱秉承实事求是、据实载录的态度，强调的是不能虚美、不妄自贴金，反对牵强附会、迷信联采、凭空杜撰等种种错误的态度，充分体现出乾嘉学派考证求实、无征不信的朴学特色。例如在《族支谱序》中，戴震在阐述其戴氏家族迁徙情况时说："盖谱牒所记，戴公以下，护公以上，不审信也。"②这一明确否定之说，指出了戴氏家谱中的记载有与历史事实不符的情况，表明戴震反对为了"尊祖、敬宗、睦族"以及利用纲常伦理加强宗族血缘关系和凝聚力从而就随意攀龙附凤、遥托华胄、空附名宦的庸俗的修谱之法，也即他所说的"夫惟上不蒙冒滥承"③，"不蒙冒滥承"鲜明地显现出戴震修谱讲究"实事求是"的首要态度。

戴震修谱"实事求是"的态度，实际上是继承了朱熹在修撰宗谱时所表现出的求实精神。朱熹在修谱时，本着不"失实"、不"厚诬"的精神，始终保持着据事直书和阙疑的态度。如对于始祖，朱熹从不讳言其不可考，在其撰修的《婺源茶院朱氏世谱》中，他将婺源朱氏始祖仅定为唐天祐年间的朱瓌，即使朱瓌以后的世系他也是十分谨慎的，表明朱熹坚持实事求是的修谱态度。此外，朱熹实事求是的修谱态度表现在他对修谱中夸大其词做法的批评。朱熹曾说："今之修谱者众矣，推其意，不过夸示

---

① 胡适文集[M].合肥：安徽教育出版社，2003：758.

② 杨应芹，诸伟奇.戴震全书：第6册[M].合肥：黄山书社，2010：395.

③ 杨应芹，诸伟奇.戴震全书：第6册[M].合肥：黄山书社，2010：396.

祖宗之富贵，矜言氏族之强大已耳；而所以修谱之深意，则茫乎其不可问矣。盖修谱之意，所以序昭穆、明长幼、分士庶、别亲疏，以维持家道也。而今之修谱者，则曰：吾太祖为某氏之官，某朝之相。而后之子孙，亦与有荣施焉。凡我同姓之人，莫不依附我之氏族，而得以步其光宠。于是乎亲疏无以明，士庶无以分，长幼无以别，昭穆无以序，而修谱之义安在哉！"①可见他认为"夸示祖宗之富贵，矜言氏族之强大"的做法是与"修谱之深意"相违背的。

朱熹在修撰宗谱时所表现出的求实精神对徽州地区的谱牒学产生了直接的影响作用，成为后世徽州人撰修族谱、家谱时所尊奉的准则，而作为生长在"程朱阙里"的戴震，当然也不例外。

（二）宗法观念是戴震修谱的指导思想

明清时期的徽州是个典型的宗族社会。宗族的存在有利于封建社会的民族之兴、国家之强，而宗谱的修续有益于追溯同脉、共叙亲情。在明清徽州的家谱编修中，编撰者常常都自觉地将宗法思想寓于其中，往往强调"大宗""小宗"思想，"大宗"思想主要用来指导统宗谱的编修，"小宗"思想多用来指导支谱的修撰。深受徽州传统教育的戴震，当然也不例外地将宗法思想作为其修谱的指导思想。戴震在《族支谱序》中说："夫惟上不蒙冒滥承，下不散而失稽，然后治亲之法明，人人得以远知所本，近知所戚也欤。"②言下之义，修谱时要做到对上不胡乱认祖宗，对下不散断失考，如此则会使宗族世系明确，谱中之人便能远知本源祖宗，近知亲戚族属。由此足见，戴震十分强调修谱要明确宗族世系。

此外，戴震更进一步地将遵循宗法秩序当成天下安治的必备条件，诚如他在《山阴义庄序》中所说："古者宗法行，俾一族爱而亲，敬而长，由是老穷不遗，桀黠者不敢为非，人人各宗其宗，而天下治。"③

另一方面，对于求真求是的戴震来说，难以容忍以前的戴氏族谱中存在的许多不实之处，尤其对滥承宗族世系的做法不满。因此，戴震注重从古代典章制度与史籍所载内容的详尽考证入手，纠正这些错误，以探求戴氏宗族世系传承繁衍的本来面貌。他说："谨按宗法，国君之子，所谓大

---

① 束景南.朱熹佚文辑考[M].南京:江苏古籍出版社,1991:295.

② 杨应芹,诸伟奇.戴震全书:第6册[M].合肥:黄山书社,2010:396.

③ 杨应芹,诸伟奇.戴震全书:第6册[M].合肥:黄山书社,2010:397.

夫，不敢祖诸侯者，故有宗道以合族属。《大传》曰：'有小宗而无大宗者，有大宗而无小宗者，有无宗而亦莫之宗者。'谓世子既嗣国为君，无母弟以为大宗，则立长庶一人为小宗，以统群公子，是为有小宗而无大宗。若有母弟立为大宗，则群公子皆属之，不得又立长庶为小宗，是为有大宗而无小宗。若世子为君之外，公子止一人无他公子，则此一人为无宗而亦莫之宗。据此考之，戴公之子武公，武公之子宣公，此世子嗣国为君者也。宋之有戴族，则戴公之群公子从宗而合族属焉。武族、宣族，则武公、宣公之群公子各从宗而合族属焉。庄、穆以下亦然。此与《春秋传》之云'孙以王父字为氏'者义殊。当时以先公之谥别族，后世概称之曰氏、曰姓。戴氏之称，缘于戴族。颜师古注史游《急就篇》云，'戴公生公子文，遂称戴氏'是也。前代治谱牒者，不知有公子文，而承武公、宣公下，及书传所有公卿名人，悉牵引联采。且于武公注云'官至司徒'，则不解宋以武公废司徒之语矣。于宣公注云'始以王父谥为姓'，则不解字族之辨、锡姓之义矣。盖谱牒所记，戴公以下，护公以上，不审信也。"①

由此可见，戴震修谱强调要根据《礼记·大传》来考论宗族谱牒对于维系社会秩序、稳定人际关系的重要性，反映出他以宗法观念作为修谱的基本指导思想，即力求按照宗法观念来条别宗族世系，家谱的编写中必须明确宗族关系，以此来维系明清徽州典型的封建宗法制度。而明清时期徽州的绝大多数学者、家谱编修者都相信，家谱与宗法之间有着密切的关系，从而一直在自觉与不自觉地坚持用宗法思想去统领家谱的编写工作。因此，宗法思想一直是指导明清徽州家谱编撰、发展的基本思想。

① 杨应芹,诸伟奇.戴震全书:第6册[M].合肥:黄山书社,2010:395-396.

# 结　语

　　戴震终生孜孜不倦于治学。戴震一生奔波往来于京师、汾州、扬州、休宁等地，最后在乾隆三十八年（1773）进入四库全书馆后才有安定的治学环境，从此"思勤修其职，以称塞明诏。经进图籍，论次精审。晨夕披检，靡间寒暑，竟以积劳致疾"①。戴震在四库全书馆内供职期间，夜以继日地校书、著述而致积劳成疾，身体累垮后，他在病榻上仍继续工作，于乾隆四十二年（1777）五月二十七日病逝于崇文门西范氏颖园寓所中。此情形正如四库全书馆臣们对他的高度评价："先生鞠躬尽瘁，死于官事可也。"②这种"鞠躬尽瘁，死而后已"的治学与敬业精神，十分值得后人学习。

　　此外，戴震所开创的科学有效的古文献学理论和文献考证方法，至今对我们学习文献学仍有重要的现实借鉴意义。戴震对古文献的整理、研究所流传至今的作文、著述，则构成了祖国文献宝库中不可或缺的一份子，并且会闻名、流芳于后世，传之久远。而今天我们加强对戴震的古文献学理论与实践成就的研究、探讨，对于我们继承、发扬祖国博大精深的优秀传统文化，挖掘、整理祖国浩如烟海的文献典籍，是有着重要的现实借鉴、指导意义与参考价值的。

---

① 杨应芹,诸伟奇.戴震全书:第7册[M].合肥:黄山书社,2010:16.
② 杨应芹,诸伟奇.戴震全书:第7册[M].合肥:黄山书社,2010:173.